历史文化村镇保护预警及传承

赵晓燕　张戈　刘欣　著

化学工业出版社
·北京·

内容简介

本书立足于历史文化村镇文化保护传承与发展，为坚定文化自信做出积极探索。书中紧密结合当前我国推进新型城镇化、实施乡村振兴战略、重视历史文化遗产保护的形势背景，在系统分析国内外历史文化村镇保护研究、实践以及相关理论的基础上，根据历史文化村镇自身价值内涵的特点及历史文化保护与传承的需求，运用系统综合分析和定量分析方法对历史文化村镇保护预警做出理论研究，并构建一套较为完善的文化空间保护预警指标体系和方法，监测和评估历史文化村镇文化空间的保存状况，判定村镇文化空间保护预警警度及信号，并根据警度有针对性地提出相应的对策措施，排除警患，便于更有效地实施对历史文化村镇的保护监测和预警的预防性保护，对历史文化村镇未来的保护与发展策略提供针对性较强的有益指导。同时，书中以天津历史文化村镇为例进行实证研究，以检验该预警系统的科学性、可行性。本书涉及建筑、规划、地理、社会等学科的研究方法，希望通过本书，为新时代历史文化村镇保护的研究提供一定的思路与方法。

本书适用于城乡规划、历史文化村镇保护、乡村旅游开发等领域的研究者、实践者，也可作为高等院校城乡规划与设计、建筑学、环境设计及相关专业师生的参考用书。

图书在版编目（CIP）数据

历史文化村镇保护预警及传承/赵晓燕，张戈，刘欣著. —北京：化学工业出版社，2020.9

ISBN 978-7-122-37283-3

Ⅰ.①历… Ⅱ.①赵…②张…③刘… Ⅲ.①乡村-文化遗产-保护-研究-中国 Ⅳ.①G122

中国版本图书馆CIP数据核字（2020）第113204号

责任编辑：张　阳　　装帧设计：王晓宇
责任校对：赵懿桐

出版发行：化学工业出版社（北京市东城区青年湖南街13号　邮政编码100011）
印　　装：北京虎彩文化传播有限公司
710mm×1000mm　1/16　印张$11\frac{3}{4}$　字数220千字　2021年1月北京第1版第1次印刷

购书咨询：010-64518888　　售后服务：010-64518899
网　　址：http://www.cip.com.cn
凡购买本书，如有缺损质量问题，本社销售中心负责调换。

定　　价：79.00元

前言

我国的历史文化村镇是中华五千年传统农耕文化乃至人类文明的基础缩影，历史文化村镇古朴的建筑风貌、源远流长的历史文化和富有特色的传统民俗风情，都是我们宝贵的历史文化遗产资源，也是人类的文明瑰宝和共同财富。

新型城镇化的推进、乡村振兴战略的实施以及对历史文化遗产保护的重视，为历史文化村镇的发展带来了巨大机遇。但同时，历史文化村镇的保护与传承也面临着严峻的挑战。随着城镇化的发展，一些村镇的传统风貌遭到了破坏，对历史文化村镇的保护发展产生了较大压力，历史文化村镇衰落、建设性破坏、保护与发展中存在矛盾等现象在现实中并不鲜见，扭转与改善效果尚不理想。

在此背景下，历史文化村镇的保护与发展，优秀传统文化的传承亟须相关理论研究的支持和实践探索。本书以历史文化村镇保护预警研究为出发点，梳理国内外在相关领域的研究经验，在总结保护预警相关研究的理论和方法的基础上，针对历史文化村镇自身的特点和可持续发展的需求以及传承优秀传统文化的目标构建了一套相对完善的历史文化村镇保护预警指标体系，然后通过对天津历史文化村镇进行实证研究，提出历史文化村镇保护传承与可持续发展的策略，作为保护和传承优秀历史文化、实施乡村振兴的积极探索实践。

本书主要从以下三部分进行研究分析。

第一部分：历史文化村镇研究进展与保护实践以及历史文化村镇研究的相关概念与保护预警基本理论。本书在系统分析国内外历史文化村镇保护研究和实践以及相关理论的基础上，分析了历史文化村镇和保护预警的概念与特征。结合历史文化村镇自身价值内涵的特点及历史文化保护与传承的需求，对历史文化村镇的保护预警进行理论研究。

第二部分：历史文化村镇保护预警体系构建及方法研究。将系统综合分析和定量分析方法结合，构建历史文化村镇保护预警评价指标，对历史文化村镇的保护状况进行监测和评估，并且以天津历史文化村镇为例进行实证研究，检验该预警系统的科学性、可行性。

第三部分：历史文化村镇保护与传承策略研究。基于历史文化村镇保护预警研究的前提，立足地域特色，更有效地实施对历史文化村镇监测和预警的预防性保护，对历史文化村镇未来的保护传承与可持续发展策略提供有针对性的指导。试图建立以预防性为主的保护模式，探索可持续发展路径，作为实施乡村振兴路径的积极探索实践。本书同时也关注历史文化村镇文化保护传承与发展，为坚定文化自信做出积极探索。

本书的主要分工如下：第1～5章由赵晓燕撰写，第6章由刘欣、赵晓燕、张戈撰写。

限于笔者的学识水平，书中不足与疏漏之处在所难免，敬请各位读者予以批评指正！

赵晓燕

2020年6月

目录

绪论

我国是有着数千年悠久历史和灿烂文化的文明古国，历史文化村镇是我国几千年传统文化的主要产生地和传承地，是几千年农耕文明历程的最佳见证者，也是人类智慧的结晶和历史文化发展的见证者。历史文化村镇古朴的建筑风貌、源远流长的文化和富有特色的传统民俗风情，都是我们宝贵的文化遗产资源。其特有的人文价值、独特的思维方式和所蕴含的丰富想象力，是不同地区历史文化传承发展的活力和创造力的智慧结晶。

我国历史文化村镇是历史文化遗产保护体系的重要组成部分，随着工业化、城镇化的快速发展，历史文化村镇衰落、建设性破坏等现象日益加剧，历史文化村镇的保护和发展面临严峻的挑战。面对城镇化的压力，在乡村振兴带来的巨大机遇下，加强对历史文化村镇的保护并开展保护预警，探寻历史文化村镇适合的发展模式，提出切实可行的保护与发展策略，完善保护机制迫在眉睫。保护历史文化村镇不仅可以保护中华优秀传统文化的根基文脉，还可以保护不同地区不同民族发展的历史印记，这是延续人类文明历史的需要，也是在以人为本的新型城镇化进程中，实现经济社会和谐、可持续发展以及乡村振兴的需要，对于传承中华优秀传统文化、坚定文化自信具有极为重要的现实意义和深远的历史意义。近年来，国家对历史文化遗产保护、乡村发展的关注和重视也达到了新的高度。

1.1 历史文化村镇保护与传承面临的历史性机遇

我国的历史文化村镇是中华农耕文化和乡土文明的空间载体，也是历史文化遗产的重要组成部分，反映着一定时期的社会关系结构、经济社会发展轨迹，国家高度重视历史文化村镇的保护传承与可持续发展。近些年来的城乡统筹发展、可持续发展、乡村振兴、新型城镇化等战略为各个地区积极开展的历史文化村镇保护传承与开发利用的实践工作提供了重要的政策保证，也为历史文化村镇的可持续性发展带来了历史性机遇。

（1）新型城镇化规划

中国的城镇化从20世纪70年代末开始，持续了近40年的高速发展。自2013年中央城镇化工作会议召开以来，新型城镇化工作一直持续推进。据国家统计局资料显示，2018年底我国的城镇化率已达到59.89%，超出全球平均城镇化水平近5个百分点。

伴随着城镇化的稳步推进，各种开发建设活动的开展，以及人口结构和社会价值观念的变化也都会给历史文化村镇的保护与可持续发展带来一定的压力。随着我国历史文化遗产保护事业的内涵不断丰富、外延不断扩展，历史文化村镇的保护也日益受到各级政府和社会公众的广泛关注。《国家新型城镇化规划（2014—2020年）》指出："在提升自然村落功能基础上，保持乡村风貌、民族文化和地域文化特色，保护有历史、艺术、科学价值的传统村落、少数民族特色村寨和民居。"

由此可见，历史文化村镇的保护、传承与发展也是新型城镇化建设的一项重要工作。在新型城镇化的发展过程中，在促进经济发展、提高人民生活质量、注重生态环境保护的同时，也要重视历史文脉的传承。地方特色文化的复兴，也是新型城镇化的重要表现。保护、传承与发展历史文化村镇能够增强人们的价值认同感，保护地方特色文化的多样性，促进村镇文化繁荣，提升村民素质，合理的开发利用模式还能够进一步促进村镇经济发展，改善村镇居民生活水平。

当前，国内多地正在积极开展历史文化村镇的保护和开发工作，这也是国家新型城镇化规划和城乡统筹发展的重要实践。在新型城镇化的进程中，如何既探索历史文化村镇保护预警、寻找切实可行的保护及发展模式和方法，提出有针对性的对策、建议，完善历史文化村镇的保护机制，同时，又促进历史文化村镇的文化、社会、经济、环境的可持续发展，成为大家关注的焦点。

（2）乡村振兴战略

党的十九大报告中提出了"全面实施乡村振兴战略""加强文物保护和文化遗产保护传承"等重要论述，提出了"坚持农业农村优先发展，产业兴旺、生态宜居、乡风文明、治理有效、生活富裕的总体要求"。历史文化村镇优秀传统文化的保护、传承和发展是新时代树立和坚定文化自信的一项重大课题，亟待获得包括历史文化村镇保护研究在内的理论助力和实践支持。截至目前，我国颁布的七批国家级历史文化名镇名村数量已分别达到312个和487个，这些村镇的保护示范效应不断扩大，将从广度与深度两个维度进一步推动保护研究。中国当下的历史文化村镇，作为历史文化的重要载体，其保护与发展面临着多重压力与严峻挑战。乡村振兴的重要目的之一就是在经济发展、产业兴旺、生活富裕的同时能保护传承乡村优秀传统文化，所以说乡村振兴战略为历史文化村镇的保护以及优秀传统文化的传承带来了空前的历史机遇。保护村落格局与传统建筑、挖掘和彰显历史文化村镇的文化基因，传承历史文脉和地方文化基因，创建历史与现实融合、文化与生态映辉的舒适、温馨、宜居的新型家园，从而在传承与重构中留住乡愁，寻找独特的田园意象与家园美感，可以为人们提供精神家园，留住人心，让人们有精神寄托。

同时，历史文化村镇应在保护中发展，而且激发农村发展活力，促进经济发展，提升文化、民生、治理水平等是乡村振兴战略的重要目标。中央所倡导的“精准脱贫”也反映了经济发展在乡村振兴战略中的重要性。如何协调好历史文化村镇的保护和发展之间的问题，通过历史文化村镇历史文化资源的保护、更新和活化利用来助推村镇的发展以实现乡村振兴，是值得我们认真思考的问题。保护好历史文化遗产，就为未来发展提供了深厚的文化资本，可以在促进乡村历史文化繁荣发展的同时，带动乡村经济的可持续发展，找出一条以文化产业发展带动地方其它产业发展，以产业兴旺带动当地经济发展，从而实现乡村振兴的发展路径。同样，实现了地方经济的发展，又可以为当地带来更多的财富，有了好的经济基础，就能投入更多的资金用于历史文化村镇传统文化的保护和传承，从而唤醒广大村民的文化自觉，增强文化认同和文化自信。由此可见，发展与历史文化保护并不矛盾，而应是相辅相成的，我们应该探索历史文化村镇保护与发展的双赢模式。

1.2 历史文化村镇的宝贵价值

我国历史文化村镇大都具有丰富的物质文化遗产与非物质文化遗产，以及优美的自然生态景观遗产，它们凝结着历史的记忆，反映着文明的进步，承载着中华传统文化的精华，是中国农耕文明不可再生的文化资源。历史文化村镇有古朴的建筑风貌、悠久的历史文化和传统的民俗风情，是活化的文化遗产，承载着丰富的历史文化记忆、人文生态观念、建筑美学特征和经济社会发展轨迹，具有很高的历史文化价值、景观价值、美学价值、科学价值、社会价值、经济价值、情感价值，长期以来引发各专业学者的广泛关注和深入思考。

（1）历史文化价值

中华民族的悠久历史积淀出的形态缤纷、底蕴深厚、各具性情特色的传统村镇，蕴含着一定的自然因素和社会因素，具有重要的历史和文化价值。同时，我国几千年的优秀传统文化深深植根于历史文化村镇中，它是物质文化遗产和非物质文化遗产的综合体，其中不仅有精美独特的历史文物、传统民居建筑等大量珍贵的物质遗产，还有在一方水土上孕育传承的无形的文化遗产，如独具地方特色的舞蹈、戏剧、美术、手艺、民俗，以及丰富的民间传说。历史文化村镇中的建筑、门匾、木雕、石敢当、砖雕、楹联、漏窗、铺装、民俗、宗祠、家教等，尤其是历史文化村镇中的乡土建筑，有着无法估量的历史文化价值，反映着不同时代不同地区的文化特征。历史文化村镇特有的婚丧嫁娶、家族法制等习俗和文化特征，也能辅助研究者了解其对应时代的村落生产和生活的特点。

（2）景观价值

历史文化村镇中包含了一定地域空间中独特而富有魅力的自然环境，以及与之协调一致、融合一体的特色建筑、村落布局，形成了具有鲜明地方特色的地域景观。这些呈现出不同地域特色的景观系统，蕴含着与自然环境和谐发展的生态观念，是“美丽中国”建设关注和参考的重点。千姿百态的传统村落也是“美丽中国”的核心景区和景观“基因库”。历史文化村镇在建设“美丽中国”的任务中具有无可替代的战略地位。由于自然环境及地域文化的差异，现存的历史文化村镇各具特色，都有各自独特的景观意象和文化特征。

（3）美学价值

历史文化村镇本身就孕育了丰富的传统建筑艺术与技艺。水塘、古井、宗祠、砖雕、石雕、铺装、色彩，以及建筑细部、造型、装饰、材料、结构等都体现出深厚的建筑和艺术美学，传统的建筑技艺和营造工艺也为历史文化村镇增添了丰富的艺术气息，具有丰富的美学价值。历史文化村镇在为人们提供观赏、教育和研究场所之外，也可为艺术的创作和发展提供一个绝佳的环境。很多诗人和画家也在此进驻，躲避城市喧嚣，进行艺术创作，一些艺术小镇的产生和发展也得益于此。

（4）科学价值

从科学研究的角度来看，中国历史文化村镇的传统建筑在适应当地自然地理环境、反映当地社会关系特点、体现当地风土人情、满足生产生活需要和反映生产力和社会经济发展水平等方面都独具地方特色，并富有传统智慧发展观。不同地区不同民族历史文化村镇传统民居的木构造、砖木构造、竹木构造、土木构造等不同构造方式都会考虑到方便就地取材和适应当地气候特征的需求，并且会考虑到不同地区对采光、通风、隔热、防寒、防水、防虫、防盗、防止自然灾害等不同需求，且都发展出独特的设计手法。村镇的选址、空间形态与结构、道路规划、建筑规制中都体现着中华民族丰富鲜活的营造理论、规划理念和设计方法，可以为专业研究人员提供非常宝贵的实物资料和研究对象。

从生态建筑学的角度出发，中国的传统民居富含生态建筑的理念和技术方法。

例如传统民居在聚落选址和布局上，往往结合自然环境和地形特点因地制宜，使人与自然、建筑之间呈现出和谐的关系，并且充分利用地方自然资源优势，在建筑技术应用、构造方法以及材料选取利用上采取多种措施，节约能源，调节建筑微气候环境，体现出生态建筑的设计策略，对生态建筑技术具有指导意义。

（5）社会价值

历史文化村镇承载着中国数千年的历史文化和浓厚的乡土情结，村镇的空间形态深刻诠释了宗族血脉、人际交往等社会关系，反映着人、地和社会的作用过程及结果，是中国传统文化的重要组成部分。历史文化村镇中的人际交往主要在家庭内部，以及亲戚或邻里之间，以血缘、亲缘为纽带的家庭及家族是社会的基本单位。家庭关系是一种最自然最直接的人际关系。经过千百年的积淀，传统村落为生活在其中的居民带来了一定的聚合感、归属感、安全感、亲切感、秩序感、领域感。这也是历史文化村镇居民重要的精神支柱。

（6）经济价值

历史文化村镇具有丰富的历史文化价值、景观价值、美学价值、科学价值等，通过开发利用可使其具有独特的商业价值，给历史文化村镇带来巨大的经济收益，从而产生经济价值。从旅游开发的角度看，历史文化村镇具有丰富的人文旅游资源，可以较好地满足当代都市人对旅游景观的需求。在中国各地的历史文化村镇中，人们可以游览传统村落建筑，参观历史文物，欣赏甚至体验年画、编织、剪纸、雕刻等别有情致的传统手工制造活动，参加和体验圣庙、宗祠等祭祀礼仪以及民俗、民歌、民间舞蹈等文化活动，倾听世代口口相传的神话、传说以及宗教信仰等，使当地村民的收入持续增长。随着文化创意产业的迅速发展，原本兴起于城市中的文创产业已经辐射到乡村地区，可以带动乡村产业的不断转型和升级，比如通过制作文化创意相关产品，拉动当地就业，为村民和地方政府带来巨大的经济效益。

（7）情感价值

作为中国传统文化的重要组成部分，乡土文化在几千年的传承发展中逐渐得到当地民众的认同而被广泛地接受，其中蕴含着深厚的民族情感和独特的价值观念。伴随着我国快速的城市化进程，城市生活日益现代化、信息化、网络化，人们的生活节奏日益加快，生活水平也逐渐提高；但是，快速城市化过程中也产生了所谓的“城市病”。而广大的历史文化村镇就是中国人的“精神家园”，是游子的精神朝圣地和皈依地。

2013年，中央城镇化工作会议提出的“要依托现有山水脉络等独特风光，让城市融入大自然，让居民望得见山、看得见水、记得住乡愁；要融入现代元素，更要保护和弘扬传统优秀文化，延续城市历史文脉”成为我国城镇化发展的重要目标，而历史文化村镇正是人民向往的回归自然、回味乡愁之地。

1.3 历史文化村镇保护与传承面临严峻挑战

当前我国各地正积极开展历史文化村镇的保护和利用工作，这是对国家新型城镇化规划、城乡统筹发展及乡村振兴战略的重要实践。一些地方的实践工作已经卓有成效，激发了许多正在衰败和即将自然消亡的历史文化村镇的发展活力，使其得到了保护和进一步的发展。

然而，我国尚有一些历史文化村镇仍然正遭遇自然破坏甚至人为损坏，出现了村镇物质空间环境衰败、自然环境与居民生活割裂以及文化传承缺失的现象，一些历史文化村镇正逐渐走向自然衰败和消亡。由于历史文化村镇的保护与传承在理论认知、规划方法及管理方面尚缺乏相应的指导，导致具体实践中仅注重经济发展，进行大规模开发建设活动，而缺乏对历史文脉的科学保护和延续，造成“建设性破坏”和“破坏性建设”的尴尬局面。在历史性的发展机遇下，我国历史文化村镇的保护预警、传承和再生发展仍面临着严峻挑战。

（1）生产力的发展和城镇化的推进对历史文化村镇的保护产生压力

在我国，生产力的进一步发展带来了产业的优化升级和社会的快速变迁，反映在乡村地区，主要是城镇化进程日益加速。村镇作为城市的辐射地带，原有的人居环境、生态观念、历史风貌、传统价值观、民俗风情及文化等均受到城镇化的深刻影响，逐渐被城镇化渗透，面临着被破坏和异化的局面。

靠近大城市边缘的村镇往往拥有更便捷的交通条件和更多的区域优势，在交通、产业、经济方面会得到更多的发展机会，原来的乡村人口也更容易转移到城市区域去求学、工作、生活，其生产和生活的方式由此发生了改变。特别是村镇的很多年轻人，他们为了追求更好的教育、医疗、交通等生活条件，离开自己的乡村到城市打工、生活，造成历史文化村镇的原住人口减少。原住人口的流失以及外来人口及文化的冲击，会对传统文化的传承与保护造成不利影响。

很多靠近大城市的历史文化村镇受城市经济发展的影响较大，大都进行了产业结构的升级和改造，原有的农业生产功能减少，生产空间大大缩小，同时出现了一些工业园区或者乡镇企业。部分乡镇企业在带来经济效益的同时影响着自然环境及生态空间。在城镇化的进程中，很多历史文化村镇面临着历史文化风貌丧失、生态功能退化、传统公共空间和功能衰败，逐渐被不断扩张的城市蚕食甚至吞并消亡。

（2）社会变迁中家庭结构的改变使历史文化村镇的建筑空间组合和物质空间形态发生变化

我国传统农业社会所处的生产力发展阶段和当时的生产关系，影响着当时的社会关系，进而对村镇的聚落形态、建筑空间组合及形态有着深刻的影响。过去以血缘和亲缘为纽带的家族关系以及封建社会所讲究的“孝道”“父为子纲”的等级关系，都影响着建筑空间的组合形式和序列特征，例如我国各地历史文化村镇的建筑和院落空间要素所构成的轴线关系，以及“三合院”“四合院”等合院式建筑形式均反映出当时社会关系的特点。

随着社会的发展，我国城乡家庭结构均发生了变化，过去传统大家庭结构逐渐瓦解，家庭规模趋于小型化。大多数家庭是由一对夫妻和其子女组成的，也就是通常所说的三四口之家的核心家庭，传统社会中的几代人组成的大家庭几乎已经见不到了。建筑的空间组合形式和村镇的空间结构特点可以反映当时一定的社会关系和生活方式，同样，家庭结构的变化和生活方式的变化对住宅建筑与院落空间的组合结构也有深刻的影响。随着过去传统大家庭结构的逐渐瓦解，承载着过去生活方式和社会关系结构的住宅建筑、院落及整个村镇的空间结构也逐渐衰败，空间功能逐渐丧失。比如散落在村镇中的寺庙、祠堂、戏台以及民俗节庆广场等很多公共空间已丧失原有的功能，年久失修，逐渐荒废。承载着过去传统农耕时代生产力水平和经济、社会、文化、技术水平的物质空间环境，难以适应当今生产力水平下的经济社会发展的功能需求。如何在现在新的生产力条件和社会关系中使历史文化村镇中传统的物质空间环境得到功能的更新、活化与提升，使历史文化村镇的文化得到更好的传承和保护，需要进行更深层次的思考。

（3）现代乡村居民对生活质量的追求改变了传统的价值观念和需求

在传统农业社会，生产力水平相对落后。历史文化村镇的选址、空间结构形态和布局，受自然条件和当时工程技术条件的制约较大。传统农业生产模式对当地土壤、土地区位、温度、降水、日照、地貌和水源等自然条件依赖性强。当时的工程技术水平有限，对地形地貌也难以进行较大的改造，在建筑、村镇的选址、布局和建设中深刻地体现了"天人合一"及因地制宜的人与自然和谐共生的思想。并且在建筑建造时，往往根据当地的资源条件、自然地貌和气候特点，就地取材，巧妙地利用当地的土、石、木、竹等材料。因此，历史文化村镇空间形态有丰富的多样性和独特的地域性。但是其建筑质量及相关配套建设的水平相对不高，缺乏卫生、供水、供热、排污、垃圾收集等基础设施等。随着社会经济的持续发展，人们的生活方式发生了较大变化，对交通、居住环境等的要求变高。为了满足生活的舒适和便利，人们在采光、隔热、防水、室内环境、厨卫设施等方面追求城市标准，比如需要方便的供暖、洗浴和卫生设施，排水污水管网和处理设施。伴随着互联网的普及，村镇居民的消费观念和消费方式更趋城市化、互联网化。很多村镇家庭也拥有了小汽车，这就要求村镇有更便利的道路和交通设施。许多村镇在建筑设计和规划布局上出现了追求城市化的审美取向，甚至出现了"建设性的破坏"，没有能很好地保护和传承原有的历史文化风貌和文化特色。

（4）对历史文化村镇的价值认识不足，保护乏力

长期以来，有些地方没有充分意识到历史文化村镇作为历史文化遗产的稀缺性和不可再生性，缺乏对历史文化村镇宝贵价值的全面而充分的认识，只片面地以旅游开发的方式挖掘、利用历史文化村镇的经济价值，缺乏对其丰富的历史、文化、科学、社会和艺术等方面价值的全面认识和理解。许多历史文化村镇的乡土景观、街巷空间、格局风貌、自然生态环境因不断受到风雨侵蚀等，且没有得到及时的维修和保护，而出现了"自然性破坏"的状态。近年来随着劳动力人口的流失，不少历史文化村落逐渐现出"老龄化"和"空心化"的现象。而且有些无人居住、使用的传统建筑、院落开始倒塌，公共空间开始荒芜并丧失原有功能，街巷呈现出破败萧条的景象。还有一些特有的民俗礼仪濒临消亡，不少传统手工艺、技能和民间艺术的传承后继乏人，面临失传风险。整体上看，不少地方由于忽视对历史文化村镇宝贵价值的认识、挖掘和重塑，未能激发其发展活力，错失历史文化村镇的更新发展的良机。

（5）村镇规划的无序和保护政策的缺失，以及对新农村建设的认识误区导致"建设性破坏"

近年来，城镇规模不断扩大，一些地方政府以新农村建设、城乡统筹发展、

调整土地资源为名，进行大量的迁村并点，或在建设中产生误区，甚至出现了整村推倒重建的现象，致使一些历史文化村镇被破坏甚至衰败、消失。同时，由于农村土地政策尚不完善，一些村镇简单照搬城市规划的模式，随意“拆旧建新”。有的地方不考虑对历史文化村镇文化遗产的保护传承，大拆大建，将原有的历史建筑和街巷被拆除，取而代之是整齐划一的城市住宅建筑。在新农村建设中，有的地方为追求政绩搞“千村一面”的形象工程，进行大规模的旧村改造，使一些传统建筑难逃被拆毁或迁移的命运，使得村落乡土建筑、生态环境、空间格局及历史文化风貌遭受“建设性破坏”，很多村镇的乡土文化资源也被破坏。此外，历史文化村镇里的居民，尤其是年轻一代，由于追求现代生活方式和品质，同时缺乏对历史文化村镇的保护意识和政策引导，出现无序翻建和新建的现象，导致历史文化村镇“自主性破坏”。

（6）有些地方政府重开发、轻保护，缺乏保护资金及相关人才

有些地方政府重开发利用，片面谋求历史文化村镇的经济价值，由于管理不善，使得一些宝贵的历史文化遗产未得到妥善保护而遭到损毁，致使历史文化村镇珍贵的历史文化信息遗失；或者仅仅把历史文化村镇视为旅游开发的赚钱工具，无序开发利用传统建筑，建设质量低劣，同时新建仿古街、假古董，且往往与村镇的原有风貌极不协调，破坏了原有的美感和意境，改变了其原真性文化特征和原生态自然环境。

地方财政对历史文化村镇的保护投入十分有限，许多历史文化村镇的乡土建筑缺乏维修费用。同时，历史文化村镇保护的技术力量十分缺乏，熟知乡土建筑形制样式和特色工艺的建造工匠大都后继无人，许多乡土建筑得不到妥善的维护，其历史风貌遭到了破坏，严重制约了历史文化村镇乡土建筑的保护、历史风貌的延续及传统文化的传承，制约了历史文化村镇的可持续发展。

1.4 历史文化村镇保护与发展的影响因素

（1）城乡一体化发展带动历史文化村镇的发展

新型城镇化的重点是强调以人为核心的城镇化，注重城乡一体的融合发展。通过实现城乡居民身份平等化、城乡公共服务均等化、就业邻近化的目标，促进城乡协调发展。新型城镇化的推进会影响历史文化村镇人员的流动方向，也会影

响基础设施和商业服务等配套设施的建设进度。一方面，村镇就业机会的增加、就业环境的提升和配套设施的完善，会吸引部分务工人员返乡就（创）业，改变村镇现状人口的数量及构成；另一方面，为落实“城乡公共服务均等化”，近年来各地大力推动了“乡村人居环境提升”的建设实践，村镇基础设施条件逐渐改善，势必会提高历史文化村镇的宜居水平，提升对原村镇居民的吸引力，吸引部分村民回流在家乡居住生活。

（2）产业升级和更替改变历史文化村镇的功能

20世纪90年代以来，很多历史文化村镇以发展旅游业作为主要产业选择，其传统农业或者手工业商贸产业格局开始向旅游产业和文化产业转型，这类产业业态的变化会影响到历史文化村镇的空间功能和发展方向。一方面，旅游开发活动带动旅馆业、餐饮业等服务行业的发展，使得村镇居民原有的生产和生活方式发生了变化，势必改变原来村镇简单的功能空间，进而改变村镇传统的空间风貌；另一方面，在国家乡村振兴战略的推进下，一些有特色的历史文化村镇抓住机遇，充分利用自身所具备的文化底蕴优势，积极对接热点产业，促进经济发展，还在发展旅游业的基础上主动向高端的产业形态延伸。如浙江乌镇这座中国历史文化名镇，不仅是一座富有深厚历史文化底蕴的旅游度假名镇，由于世界互联网大会的召开和乌镇戏剧节的举办，现在也发展成了一座闻名中外的互联网小镇和文化展演之镇，再如天津蓟州区渔阳镇西井峪村，起初由于自发的民俗摄影活动逐渐受到公众的关注，通过企业介入引入资本下乡，在开发民宿的同时，进行传统村落的保护和旅游产业的运营，吸引了更多的游客，也得到了众多村民的支持，推动了西井峪的历史文化、社会经济的可持续发展。

（3）交通和信息技术的飞速发展助力历史文化村镇的发展

以高速铁路和公路为代表的交通基础设施工程的大力建设，以及互联网信息技术的飞速发展，造成了“时空压缩”效应，使得空间和时间的距离被极大地“拉近”。这种发展变化对于历史文化村镇而言，会加速村镇人流、物流和信息流的流动，对历史文化村镇产生两方面的影响：一方面，可以改善偏远村镇的外部发展条件，便于吸引开发资本和增加游客数量，促进旅游业的繁荣发展，外来人口的增多和旅游业的发展会改变村镇常住人口和社会构成结构，改变原住民的生活意识和价值观念；另一方面，在现今的互联网时代，微博、微信、抖音等平台可以迅速传播并宣传历史文化村镇独特的历史文化信息和民俗风情，使其在互联网上受到众人关注，成为具有吸引力的“网红村镇”，从而促进文化信息的广泛传播，增加对公众的吸引力。

（4）旅游产业的兴旺引发人们对历史文化村镇生活的向往

城镇化带来了人口、产业和交通等的集聚以及城市的扩张。大城市的快速发展使得人们的生活节奏加快，交通拥堵、住房紧张、环境污染、公共服务设施分布不均等城市问题日渐加剧。同时，大城市工作竞争激烈，家族血缘关系淡化，社会交往关系复杂，使人们的工作、生活压力增大。乡村和古镇美丽的风光、独特的民俗文化、深厚的历史文化、特色的饮食、良好的自然环境、清洁的空气和水源，散发着独特的魅力，吸引着越来越多的城市居民来放松身心，体验生活。还有部分特色乡镇对当地的历史文化村镇的物质空间环境进行更新改造，引入企业或者资本力量，进行民宿和手工制作等创意空间或活动的建设，赋予乡村旅游更丰富的形式，吸引更多的游客和资本，使得历史文化村镇的历史文化得以传承，特色愈加突显。

1.5 历史文化村镇保护预警研究的内容、方法、目的与意义

1.5.1 研究内容

新型城镇化的实施和推进在带来巨大发展机遇的同时，使得历史文化村镇的文化保护与传承也面临挑战。近年来随着新农村建设、特色小镇建设、美丽乡村建设、历史文化名镇名村和传统村落保护的实践及乡村振兴战略的提出，历史文化村镇保护的相关研究也繁荣发展。关于历史文化村镇的景观风貌、空间格局、保护利用、价值评价、保护评价体系、旅游开发等方面的研究较为成熟。但立足于历史文化村镇文化空间的保护与传承，运用系统综合分析和定量分析方法来进行历史文化村镇保护预警的研究成果仍较少见，我国的历史文化村镇保护监测和预警系统尚未建立，尚未形成预防性为主的保护模式。本书主要从以下三部分内容进行研究分析。

第一部分：研究的背景、目的、意义及方法，历史文化村镇研究进展与保护实践，历史文化村镇研究的相关概念与保护预警基本理论。本书紧扣当前我国推进新型城镇化、实施乡村振兴战略、重视历史文化遗产保护的形势背景，在系统分析国内外历史文化村镇保护研究和实践以及相关理论的基础上，分析了历史文

化村镇的基本概念及其与历史文化村落、传统村落、古村落的差异；探讨了历史文化村镇保护的对象范围，历史文化村镇保护研究的主要学科方法；分析了预警的概念、特征、分类和方法，结合历史文化村镇自身的内涵与特点及历史文化保护与传承的需求，从历史文化村镇保护预警系统的基本特征、目的、作用等方面对历史文化村镇的保护预警进行理论研究。

第二部分：历史文化村镇保护预警体系构建及方法研究。选择合适的历史文化村镇保护预警方法，构建历史文化村镇保护预警评价指标框架，并利用德尔菲法和层次分析法确定各项评价指标的权重，将系统综合分析和定量分析方法结合，尝试构建一套历史文化村镇保护预警指标体系，对历史文化村镇的保护状况进行监测和评估，来判定历史文化村镇文化空间保护预警现在所处的警度及预警信号，以便于之后根据警度针对性地提出相应的对策措施，排除警患。并且以天津历史文化村镇为例进行实证研究，检验该预警系统的科学性、可行性。

第三部分：历史文化村镇保护与传承策略研究。基于对历史文化村镇保护预警的研究，立足地域特色，更有效地实施对历史文化村镇的预防性保护，对历史文化村镇的可持续发展提供针对性的有益指导，从特色建筑空间和景观空间的保护、历史文化村镇的文化传承与发展等方面提出历史文化村镇保护的策略，作为实施乡村振兴、坚定文化自信的积极探索。

1.5.2 研究方法

本书采用的研究方法如下。

（1）一般性方法

① 理论研究与实证分析相结合的方法。目前针对历史文化村镇进行的保护研究，主要偏重于对历史建筑、空间形态、景观风貌、旅游发展、规划设计等方面的研究，对历史文化村镇保护预警的研究尚有缺乏。本书尝试对历史文化村镇保护预警的相关理论和方法进行研究，建立历史文化村镇保护预警指标体系，并以天津历史文化村镇作为实例来进行实证分析，验证指标体系的有效性。

② 定性研究与定量研究相结合的方法。采用定性分析评价与定量评价相结合的方法来构建历史文化村镇的文化空间保护预警指标体系。

③ 统计调查分析方法。历史文化村镇保护预警涉及保护的客观实际水平和主观满意度。对于历史文化村镇保护的客观实际水平，如保护建筑规模、建筑年代、

人口、历史建筑及文物古迹造册登记数量等数据需要经过统计来分析和呈现。而对保护的主观满意度，需要对所研究的历史文化村镇进行调研，通过问卷调查来反映专家学者、游客、居民等对历史文化村镇保护预警的主观感受。

④ 系统研究方法。历史文化村镇保护预警研究，是一个涉及建筑遗产、街巷空间、民俗文化、历史传承等多角度、多层次、多结构、多要素的系统性研究。因此，历史文化村镇保护预警研究必须从整体、全面、动态的系统性观点出发。

（2）技术性方法

① 主观评价指标的量化转换法-SD语义差别法。在天津历史文化村镇的文化空间保护预警体系指标选择中，将原本难以比较的非物质文化遗产元素的保护程度的主观感受，转化为具有量度性的定量化指标。

② AHP决策分析法。将对历史文化村镇文化空间保护的预警问题分解为不同的层次和不同的因素，建立历史文化村镇文化空间保护预警指标体系的层次结构模型，计算历史文化村镇文化空间保护预警体系的各层次、各指标元素的权重。

1.5.3 研究目的与意义

（1）研究目的

新型城镇化的推进以及乡村振兴战略的实施，为历史文化村镇的发展带来了巨大的机遇，但同时，历史文化村镇的保护与传承也面临着严峻的挑战。历史文化村镇的文化空间作为有效的空间载体，体现了中华人民传统文化的脉络，承载了数千年乡土文化的精华，可以直观全面地反映整个村镇的生产生活及社会关系的轨迹，显现历史文化特色的传承。随着城镇化的发展，很多村镇的传统风貌都遭到了破坏，对历史文化村镇的保护发展产生了巨大的压力。城镇规模的扩大、经济的发展、生活方式的改变、活动行为的变化、价值观念的转变等因素直接或间接地对村镇文化空间产生多方面的影响，因此历史文化村镇的保护与发展、优秀传统文化的传承亟须相关理论研究的支持和实践的探索。本书首先以历史文化村镇保护预警研究为出发点，梳理国内外在相关领域的研究经验，在总结保护预警相关研究理论和方法的基础上，针对历史文化村镇自身的特点和可持续发展的需求以及传承优秀传统文化的目标，来选择适合的方法，构建一套相对较为完善的历史文化村镇保护预警指标体系。然后通过对天津历史文化村镇的深入调研，分析其保护现状和存在的问题，选择合适的保护预警评级指标因子建立保护预警指标体系后对村镇文化空间的保护进行预警评价，根据评价结果来判定村镇文化空间保护预警警度及信号。根据警度针对性地提出相应的历史文化村镇保护和发展的对策措施，排除警患，以便能够为历史文化村镇动态监测系统的实施奠定良好基础，进而立足地域特色优势，考虑历史文化村镇传统风貌延续及传统文脉传承与村镇发展的共赢，最终提出历史文化村镇保护传承与可持续发展的策略，作为实施乡村振兴路径的积极探索实践。

（2）研究意义

我国的历史文化村镇是中华农耕传统文化和乡土文明的空间载体，是宝贵的历史文化遗产。党的十九大提出全面实施乡村振兴战略，保护和传承地域文化是新时代树立和坚定文化自信的一项重大课题，亟待获得包括历史文化村镇保护预警研究在内的理论助力和实践支持。本书试图建立一套科学合理的历史文化村镇的保护预警体系，便于管理部门及时监测和掌握历史文化村镇的保护发展状况，为其动态监测奠定基础。历史文化村镇的保护预警研究也在一定程度上有助于为历史文化村镇的相关政策的制订和实施提供参考和依据，以实现历史文化村镇的可持续发展以及历史文化的保护与传承。同时，在新型城镇化和乡村振兴战略的实施和推进过程中，历史文化村镇保护预警与村镇文化保护与传承的研究，对弘扬中华民族传统优秀文化，完善优秀传统文化传承体系，丰富中华民族精神家园，建设社会主义文化强国，坚定文化自信，实现中华民族伟大复兴，有一定的理论与现实意义！

历史文化村镇研究进展与保护实践

相对于西方国家在20世纪30年代开始形成对历史文化村镇的保护制度，我国的历史文化村镇保护制度起步较晚，历史文化遗产保护发展的时间不长，但发展的速度较快。

我国的历史文化村镇研究与国外的研究各有所侧重，主要表现在：① 研究主题有所不同，国内研究内容涉及历史文化村镇的价值、历史建筑、传统民居、建筑技艺、村落选址、聚落形态、生成演进、文化景观、审美价值、公共空间、空间结构、保护开发、旅游开发等方面；国外则侧重历史文化村镇遗产保护、村民生产和生活方式、乡村居民社群结构、风土建筑、特色物产、生态及文化景观、知识技术、旅游影响、游客体验、乡村社会问题等方面，注重社会关系的研究。相对国外研究的关注点，国内对历史文化村镇村民生产活动以及社会关系的研究相对欠缺；② 研究深度有所不同，国内在历史文化村镇的地方特色、历史风貌保护、聚落空间形态特点、演变机制、经济效益等方面进行了较深入的研究，对乡村社会资本、人地关系的研究和社会关系的研究深度尚有欠缺；而国外对历史文化村镇旅游影响、游客体验、乡村景观与生态、社会文化关系、社区参与、资源的持续发展、乡村社会问题、宣传推广、公众教育、保护开发的技术手段和制度保障等方面的研究较国内更加深入；③ 研究方法有所不同，国内目前使用的研究方法主要有景观意象法、肌理分析法、基因图谱法等，随着新技术的发展，地理信息系统和空间句法等也用于历史文化村镇的研究，但实践领域仍然以定性研究为主，辅以定量分析的方法；而国外将学科交叉的理论和综合性研究方法运用在实践领域中的案例相对更为丰富，扎根理论、空间生产理论、质性研究、游客体验ASEB栅格分析法、社会网络分析法、遗传分析法、决策实验室分析法等的应用均已相对成熟。

2.1 国内历史文化村镇研究进展与保护实践

2.1.1 国内历史文化村镇研究进展

（1）中国历史文化村镇研究阶段划分

我国关于历史文化村镇和传统村落的大量研究文献出现于1980年代以后，以“传统村落”和“古村落”为研究对象的文献在2003年之前出现得较多，以“历史文化村镇”为研究对象的文献集中在2003年以后。我国在2003年进行了第一批

“历史文化名镇（村）”评选，这标志着“历史文化名镇（村）”概念的正式提出，从2003年以后，历史文化村镇的研究才开始成为一个相对独立的研究范围。

本书将“传统村落”和“历史文化村镇”作为主题词，将研究时间截止在2019年9月，在CNKI数据库中进行论文的查询，分析时间和研究数量、研究内容的关系。如图2-1、图2-2所示，从时间分布上可以看出，2000年是我国历史文化村镇和传统村落研究的一个转折点，研究数量开始增多，2008年以后，出现了新的转折，研究数量开始达到新的高潮。可以明显看出，新农村建设、特色小镇建设、美丽乡村以及乡村振兴战略等实践推动了众多学者们的研究热情。

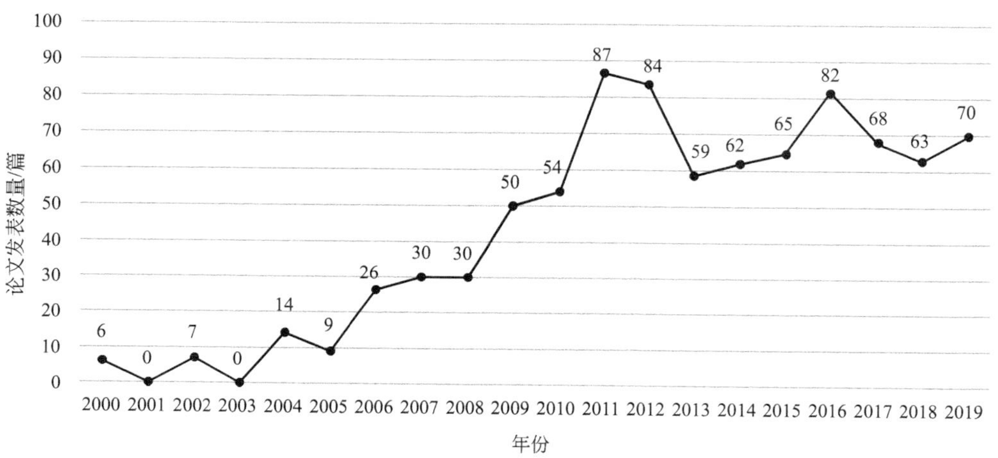

图2-1 以“历史文化村镇”为主题词的论文发表数量

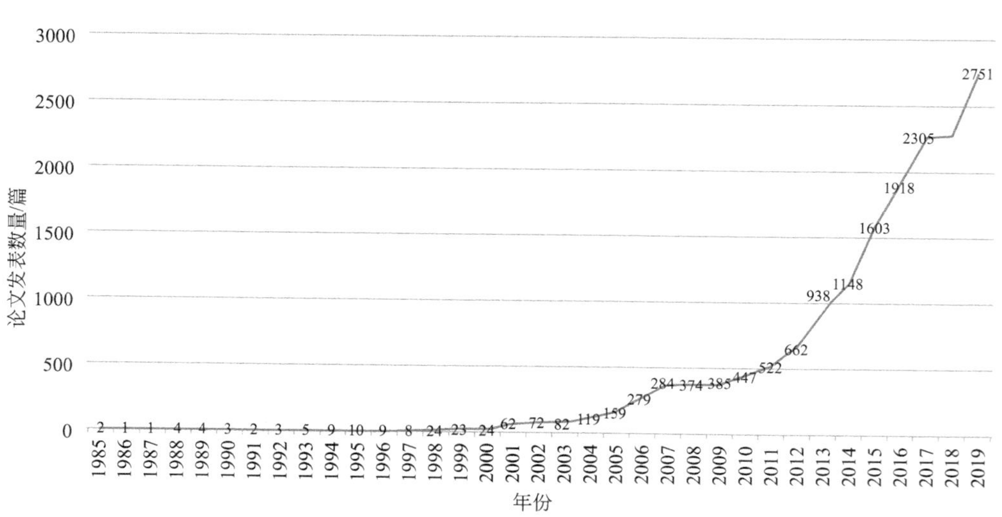

图2-2 以“传统村落”或“古村落”为主题词的论文发表数量

① 2000年以前以建筑学和地理学学科关注为主的描述性研究阶段

2000年以前对传统村落和历史文化村镇的研究以建筑学和地理学的学者们居多，通过对传统村落、古村落和历史文化村镇大量的田野调查，多关注村落选址布局、村落与环境的关系、地方民居的特色与保护、街巷空间的特色、景观风貌的保护、传统建筑的价值及建造技艺、聚落形态及空间结构特征等。2000年以前的研究多以描述性的定性研究为主，在聚焦物质形态研究的同时，开始关注其文化意义。

② 2000～2007年多学科参与，研究方法、角度和内容不断拓展的阶段

2000～2007年期间，旅游学、社会学、经济学、管理学等学科的专家学者积极且广泛地参与到古村落、传统村落和历史文化村镇的研究当中，相关学术研究和学术论文的数量大幅增长。在研究内容上，开始关注传统聚落形态的演变及其演进机制、公共空间的更新、传统村落和历史文化村镇文化内涵的挖掘、历史文化价值的评价，并出现了城镇化对传统村落和历史文化村镇发展的影响、传统村落和历史文化村镇保护与开发途径、乡村旅游等方面的研究。这一时期，大大丰富了历史文化村镇的研究方法，层次分析法、非线性研究、模糊评价、结构方程模型等定量研究方法，和定性研究广泛结合，GIS技术也开始逐步应用到历史文化村镇研究中。这一阶段，历史文化村镇的研究视角和深度不断拓展，比如从文化地理学、文化生态学的视角进行研究等。

③ 2008年至今新技术新方法广泛应用，研究的科学性进一步增强的阶段

2008年至今，新型城镇化的推进和国家政策的重视引发了多学科专家的研究热潮，多学科交叉研究、学科交融的趋势愈加明显。不同学科的专家学者分别从历史文化村镇的人地关系、社会结构、农村传统文化和现代文化的碰撞、农村人口市民化、地方认同、文化保护与传承、乡村可持续发展、村镇规划、生态文明、旅游发展、历史文化村镇的保护模式、村民自治、乡村治理、制度保障、产业形态等多方面展开了广泛研究，并且日趋关注历史文化村镇的社会问题和社会关系研究。近年来，随着科学技术的飞速发展，三维技术、数字化技术、信息技术和大数据从思维和方法上为传统城乡规划研究注入了新的动力。在传统研究方法的基础上，新理论、新技术和新方法纷纷应用到历史文化村镇研究中。从传统的意象理论、图底理论的研究，到空间叙事理论、织补理论、景观基因挖掘理论、扎根理论、复杂适应性理论和社会网络理论等对历史文化村镇及其内在的社会关系进行更广泛深入的研究。随着空间技术的发展，研究者们利用遥感影像数据、ArcGIS、拓扑模型、空间句法等进行历史文化村镇空间结构的研究，利用

ArcGIS、三维信息技术、虚拟现实技术及大数据建立传统村落的数字博物馆和海量数据信息管理平台，以此进行动态监测和模拟、空间定量分析与可视化表达、人工智能与机器学习仿真模拟，提高了历史文化村镇研究的科学性和管理效率。

（2）中国历史文化村镇研究内容

历史文化村镇研究一直以来都受到建筑学、规划学、地理学、景观学、历史学、文化学、社会学、经济学、管理学等众多学科学者的共同关注，研究角度各异，研究方法多样，逐渐发展为多学科交叉融合的综合研究方法。

根据对我国历史文化村镇相关论著的统计分析，历史文化村镇和传统村落的研究主要集中在的不同地区各具特色的传统民居、聚落形态、村落价值、文化生态景观、公共空间、空间形态、旅游规划、保护与开发等主题上。建筑和规划学科作为研究历史文化村镇的核心主导学科，主要关注对历史文化村镇的相关概念界定、分布特征、保护规划、价值特色、历史文化遗产保护、聚落构成形态、建筑设计艺术、规划选址、公共空间、空间景观意象研究、历史风貌保护与格局延续等主题。而作为历史文化村镇研究相关的关联学科如地理学、历史学、文化学、社会学和经济学等学科，多关注历史文化村镇的聚落形成与演变、村落的空间结构及其演变机制、村镇社会关系、公众参与、保护实施管理机制等主题。

① 传统民居

关于传统民居的研究大都集中在不同地区不同民族传统民居的地域特色、院落空间、建筑设计、建筑技艺、装饰艺术、历史建筑、民居建筑文化等方面。纵观近些年对传统民居的相关系统性研究，发现其呈现出一定的研究趋势：从典型研究、发现认知趋向于探寻本原的生成规律；从关注建筑单体逐渐发展到关注聚落整体空间；从立足于保护发展到更新改造；从单一学科研究发展到跨学科交叉研究；从定性研究发展到定量研究；技术方法也日趋丰富，开始结合三维扫描、GIS和空间句法等新技术进行研究。

刘敦桢（1957）系统地梳理了中国住宅的平面形状、空间组合、建构类型及其演变历程[1]。1980—1990年代，专家学者们基于广泛深入的调研，对国内一些特色鲜明的地方民居进行了调查、测绘整理，充分收集了相关资料，学术界出版了《浙江民居》《安徽民居》等一系列关于地方民居调查、测绘成果的专著。1990年代以后，研究范围扩大到全国大部分地区和多民族地区，陆续出版了五辑《中国传统民居与文化》，汇集了全国各地的传统名居研究成果，对传统民居建筑的型式、风格、环境、文化、形成和发展进行了深入的研究。潘谷西（2000）等学者先后分析了不同民族不同地区传统民居的平面形状、建筑形式、构建尺度、构筑类型等，并进行了分类研究[2]。

单德启（1992）从中国乡土建筑文化的角度去分析我国传统民居聚落的特点，认为其具有深刻的“生态观”、“环境观”、“形态观”和“情态观”[3]。沙润（1998）从自然地理背景出发，认为气候、地貌等自然地理要素均会影响传统民居建筑的形式、风格和特色，并从功利观、审美观和生态观三个层次分析了中国传统民居建筑文化所蕴含自然观的内涵表征[4]。陆元鼎（2003）系统研究了不同传统民居的建筑装饰、营造特点、空间形态、建筑形式、文化内涵等方面的特征，并指出传统民居研究正在与社会文化、生态环境、建设哲学以及保护改造研究相结合[5]。单德启（2004）从传统民居建筑的空间观、地域文化的变迁及居住环境的生态意义出发，论述了传统民居建筑保护、更新及再生的途径和方法[6]。李晓峰（2005）从地理学、社会学、生态学和人类学多学科角度出发对乡土建筑进行交叉研究，探索传统民居的生成规律和特征[7]。孙大章（2015）系统梳理了从史前文化时期到明清时期不同时期我国传统民居的源流及建筑历史发展的脉络，并分析了各类民居的典型特征[8]。

随着时间的推移，对于传统民居的研究视角、广度和深度进一步扩展，研究方法和研究技术也日趋丰富。如冯维波（2016）结合山地传统民居的自然环境及社会经济环境条件，运用“景观信息链”原理，研究山地传统民居从起源、形成、发展到成熟以及变迁的发展过程中不同阶段的特征，并对其价值及目前存在的问题进行相应的评估和分析，提出相应的开发和保护方式，使得山地传统民居在传承本土文化的基础上，恢复和重建被破坏的民居文化景观[9]。朱佳维（2016）以怒江流域怒族典型民居建筑为例，应用空间句法来研究民居的空间布局和日常生活习俗的密切关联，探寻少数民族民居建筑空间的地域差异性中蕴含的文化记忆与信息，为保留并传承少数民族文化记忆场所及基因提供思路[10]。杨贤房（2019）利用空间句法模型来研究赣南客家民居空间结构，提取出客家传统民居空间结构的文化基因，分析其空间秩序逻辑中蕴含的地域文化特征，从而指导城乡规划设计中文化空间的建构[11]。

② 历史文化村镇、古村落及传统村落的空间分布及类型

建筑规划和地理学科关于历史文化村镇的空间分布特征及其影响因素、影响机制的研究以及分类类型的研究较为丰富。关于历史文化村镇的空间特征分布，一般是从全国和区域两个层面的分布特征差异来开展研究的。研究方法也从定性的描述性分析，发展到运用地理数学方法，将定性与定量分析相结合，利用GIS

技术进行空间分析并结合数理模型进行定量分析，借鉴人文地理学、文化生态学、分形学以及历史学等相关理论和方法的研究也日趋多样。

刘沛林（1996，1998）[12，13]分析了中国古村落主要的分布特征和空间构成的特点，认为古村落主要分布在古代经济文化相对发达、地形环境相对偏僻独立、受现代交通干扰较少的地区，不同地域的古村落有各自的风土文化个性。朱晓明（2002）进一步研究了古村落的分布特点，相对于刘沛林总结的古村落较多分布的地区，又进一步补充了古代名臣、大儒及富商后人的聚居地，古遗迹所在地，少数民族聚居区也都分布着大量的古村落[14]。胡海胜等（2008）将157个中国历史文化名镇名村作为研究样本，运用空间结构研究方法，分别分析其省际和区域分布结构特征及分布类型[15]。赵勇（2008）研究了中国历史文化名镇名村的空间分布和格局演化，认为其空间分异呈现南方多而北方少，东部多而西部少，少数离散而多数集中的特点[16]。吴必虎（2012）以第五批350个中国历史文化名镇名村作为研究样本，利用GIS进行空间分布的测定，认为我国历史文化村镇总体分布、名镇分布及名村分布均属于凝聚型分布，其中名村较名镇的分布凝聚性更为显著，历史文化村镇的分布格局在省域分布不均衡，历史文化名镇集中在浙江、山西两省，历史文化名村主要集中在晋中和皖南这两个高密度圈。历史文化村镇分布受所在历史时期的社会经济发展、自然地理条件和文化背景的影响明显[17]。李亚娟（2013）等研究了历史文化名村的空间分布特征，认为历史文化名村大都分布在河流水系附近、历史上经济发展水平比较高、文化特色鲜明、交通便利或者多民族的区域，分布时间跨度集中在唐宋明清时期，尤其是始建于明清的古村落最多；并认为分布区域的资源禀赋条件、评定标准、腹地的经济水平和区域政策导向是造成历史文化名村区域分布不均衡的主要原因[18]。康璟瑶等（2016）以2555个传统村落为研究对象，通过GIS技术与方法研究其空间分布和影响因素，认为全国传统村落空间分布主要集中在冀鲁豫交界、皖浙赣、黔桂湘交界和滇西北四大集聚区，表明传统村落较多分布在高海拔地区、城市边缘区及远离市中心的区域；并且分析其空间分布的区域差异，认为传统村落的空间分布受自然地形、人口分布、经济水平、交通条件、城市格局等相关因素影响[19]。余亮等（2016）运用地理格网的分级法进行传统村落的空间格局分析，为合理构建传统村落空间数据库提供了工作基础和技术支持[20]。

也有很多专家学者从区域尺度的层面对历史文化村镇的空间分布特征及其影响因素进行了研究，结合建筑学、地理学及历史学的研究方法，主要针对在东南、西南、中部和北方这四大区域进行了一系列研究。

谢崇实（2011）研究了西南地区前五批中国历史文化村镇的分布特征、保护现状及保护策略，从经济、地理、地方特色等方面总结其分布特征，认为西南地区历史文化村镇的数量分布不均，名镇多而名村少，汉族村镇的分布聚集性强，而少数民族村镇的分布离散程度较高[21]。焦胜（2016）将湖南723个传统村落作为研究对象，借助GIS技术，分别从资源分布、经济水平、空间结构及交通水平等四类影响传统村落分布的因素进行分析，对湖南省域传统村落分布特征的形成机理进行解释并提出保护开发建议[22]。龚胜生（2017）以山西省303个国家级、省级历史名村和传统村落作为研究对象，研究它们的空间分布特征与演化机制，将历史学中的历史时间断面方法、历史文献分析方法与地理学中的GIS空间分析方法相结合，将山西古村落分为农耕、商贸、军事、工矿4种类型，并认为其形成、历史转型和时空演化特征均与区域的历史开发进程密切相关[23]。陈君子（2018）从分形学理论的角度出发，运用GIS空间分析方法研究了嘉陵江流域传统村落的空间分布特点和影响因素，认为其空间分布格局具有“大分散、小集聚”的特点，并呈现出较为复杂的分形结构。同时，嘉陵江流域传统村落的空间分布受地形、水系、气候、经济、交通、文化等因素的共同影响，呈现出“亲水性”的空间分布特征，彰显出流域这一特殊地理单元的个性[24]。

众多学者也从历史发展、保护管理、结构形态、传统功能特征、自然和人文景观特点、特色文化等视角对区域层面的历史文化村镇的类型特征进行研究。罗瑜斌（2009）以珠江三角洲地区的历史文化村镇为研究对象，分析了其村镇空间格局特征和岭南传统文化特征，按照其历史发展、文化传承的传统功能之间的差异对其进行类型划分[25]。魏绪英等（2017）对江西125个中国传统村落的空间分布特点进行了研究，按照民居类型的不同特点将江西传统村落分成赣派、徽派和客家型传统村落，认为传统村落的类型与山脉水系的分布明显存在相关关系，并利用ArcGIS空间分析结合地理空间研究模型进行定量分析，进而研究其空间分布特征[26]。汪德根（2019）从建筑学理论和方法出发，分析我国12类传统民居建筑风貌的类型，利用GIS技术研究其地域分异特征，并从地貌、气候等自然环境因素和风水、文化、宗法等人文因素来研究地域分异的影响机理[27]。

③ 聚落形态、形成和演变，空间结构及其演变与机制

地理学、建筑学、生态学、社会学等学科的学者较早就开始对传统聚落的概念、特征、形成、演变，历史文化村镇及传统村落的空间结构及其演变与影响因素进行了大量的研究。学者们认为聚落形态和历史文化村镇的空间结构主要受自然和人文两方面因素的综合影响，自然环境、宗族、风水、礼法、安全、交通、

经济、文化因素等都对村落形态和空间布局的形成产生巨大影响。随着研究的进一步发展，建筑学、城乡规划学和社会学在研究聚落空间形态特征时，逐渐开始从社会发展和经济发展的内涵和角度进行研究，注重聚落空间形态演进机制的研究，研究视角取得了新的突破，学科交叉的趋势日趋明显，相关理论逐渐拓展。较为经典的研究方法是人文实证调研并结合定性的描述分析与归纳总结分类。随着引力模型、数学模型等量化分析方法的应用，GIS空间分析技术及智能技术的发展，研究传统聚落形态和历史文化村镇空间结构的方法日趋多样，进一步提高了研究成果的科学性、精确性与系统性。

金其铭（1990）界定了聚落地理的相关概念，并对中国聚落地理的形成、现状、发展、特征、影响因素和分布规律等问题进行了系统论述，为聚落地理学的发展奠定了理论基础[28]。彭一刚（1992）等认为保护传统聚落的建筑环境景观和传承地域传统文化民俗是传统历史文化聚落研究至关重要的出发点，并指出聚落的形成过程和景观的差异主要受气候、地形等自然要素以及文化和宗教信仰等文化要素影响[29]。谢吾同（1997）探讨了聚落的概念、基本特征、形成、社会特质及其影响因素，对国内外人文地理学和文化人类学20世纪以来对聚落的研究理论、方法、成果和经验进行了回顾和总结，并将文化、景观、风水、血缘、地缘、象征、价值、文明等方面作为了聚落研究的要点，从自然、社会、文化层面进行阐述[30]。刘沛林（1998）从人居文化学角度探讨了中国历史文化村落文化空间的形成及特点[31]，并且认为我国原始聚落的选址、布局、景观和意境体现着中国古代村落规划思想的起源，古村落的形态和空间布局主要受到宗族、血缘、信仰、礼制、风水、环境、防卫和意境等人文思想的重要影响，蕴含着“天人合一”的朴素和谐思想观[32]。李晓峰（1998）从现代生态理论出发，用适应和共生理论探讨传统聚落的生态系统，用适应与共生关系构建传统聚落发展与传承的模式[33]。李和平（2000）研究了重庆磁器口古镇的聚居特色，认为其具有自然地形地貌与人工建成环境相契合的双三维空间结构、树枝状的平面格局、功能复合的街巷空间、活泼质朴的建筑形态和自然生长的建筑空间[34]。业祖润（2001）从空间结构理论的观点出发，研究了传统聚落空间的形成和发展，分析了传统聚落空间形态和结构组成，构建了传统聚落的空间结构体系[35]。许先升（2001）对北京京西古驿道上的明清古村落爨底下村进行调研分析考察，对明清山地四合院民居的建筑特色风貌、传统聚落的选址与布局、聚落形态的空间构成特点与乡土文化积淀，以及山地四合院民居所蕴藏的哲学观念、文化内涵和潜在意识之间的关系进行探索分析，认为这种多维文化意象和内涵是我国传统聚落文化的体现，蕴含着中华民族传统文化的价值[36]。李小波（2001）从文化地理学角度研究了中国古代风水模式、血缘、美学、天人合一的哲学理念等在中国古代聚落形成及演变发展中的影响[37]。马寅虎（2002）从建筑史和聚落史的角度出发对徽州传统聚落的形成与演变进行研究，认为其体现了宗族风水礼制的规划思想，体现了文化的冲突、融合、碰撞和渗透[38]。徐坚（2002）深入探讨了我国山地传统村落聚居空间形态与布局中蕴含着的中国传统的、系统的村落规划思想，整体协调、层次丰富的环境观念，传统的血缘关系及亲和的人际关系，还有特殊的防御功能[39]。金涛（2002）从村落选址、空间组织、街巷广场、传统民居等方面分析中国传统农村聚落的特征，从人地和谐的生态观、适应传统社会的形态观、寄托情感的情态观和传统文化意态观四个角度阐述了传统村镇“天人合一”的营造理念[40]。张杰（2004）以浙江省南阁村古村落为研究对象，运用文献学理论，对行政制度、生态环境、历史文化、历史建筑、街巷空间进行解读，将文献学和建筑学研究思想结合起来研究古村落空间的演变过程[41]。陆林（2004）认为徽商和人口的迁移对徽州古村落的形成、发展和演化起了重要作用，并对其发展演化进行实证研究[42]。段进等学者（2002，2006）从空间角度对太湖流域古镇和西递古村落的空间结构进行研究，认为历史文化村镇物质空间特征是历史文化村镇空间形态和结构的重要表现，人的心理、行为和村镇的空间结构存在着密切的联系和互动[43，44]。

随着我国城镇化的发展和经济的持续增长，历史文化村镇受到经济社会发展的影响增大，其空间形态开始发生显著的变化，学术界从经济发展、城镇化进程的背景和可持续发展的需求出发对历史文化村镇空间结构开展了丰富的研究。李立（2007）从建筑学角度出发，以江南地区作为研究对象，对乡村聚落形态的内涵与整体特征进行了全面剖析，按照乡村聚落演变的历史脉络，探寻其演化的主导动力与运作机制，为促进乡村聚落可持续发展提供理论基础与现实策略[45]。刘晓星（2007）研究了快速城镇化背景下传统聚落形态的演变特征，将传统聚落的“自下而上”的“自然式”演进和“自上而下”的“规划式”这两种演进途径进行了比较，并分析其影响因素，提出对规划实践的启示[46]。

有些学者从气候、地形、地貌、环境、自然资源等方面研究传统历史文化村镇空间布局特点，认为历史文化村镇空间结构和形态受自然环境影响显著，但也显示出村民对自然环境改造和响应的结果。学者还分别对不同地区历史文化村镇空间形态结构的特征、差异、选址、演变机制等方面进行了大量实证分析。王晓薇、周俭（2011）以山西梁村为例，运用形态学的方法，研究传统村落的演变规律，从资源环境、自然要素、民俗文化等多方面因素探索与村落空间结构变化的关联[47]。

近年来，关于历史文化村镇空间结构的研究在内容上逐渐拓展，乡村地理学、社会学、聚落地理学、人文地理学对聚落研究的理论和方法提供了重要的支持，研究日趋深入，聚落形态和历史文化村镇空间结构演变机制的研究越来越多，GIS、空间句法等新技术方法和量化模型使用逐步推广，也有学者从旅游学的视角，分析旅游发展对传统村落空间形态的影响机制。陶伟等人（2013）以广州小洲村为例，在城市化背景下动态考察岭南传统村落的空间形态结构，运用空间句法的理论和方法对传统村落进行意象分析，分析村落空间结构与使用者空间认知之间的相互关系[48]。陶金等人（2016）将新疆喀什地区作为研究对象，利用GIS从自然环境、生产力发展、屯垦历史、交通、丝绸之路的历史、军事、都城建设、战争等因素来研究喀什地区古代聚落时空格局特点和演变的原因[49]。冯旭等人（2017）借鉴了日本聚落地理学理论和方法的研究成果，以云南西双版纳曼海聚落为例，运用生活地名法对聚落空间结构进行研究[50]。顾媛媛等人（2017）以潮汕地区的传统聚落为例进行实证研究，由于潮汕地区有明显的宗族观念与制度，所以从社会关系结构的视角来解读传统聚落的空间结构，并探讨社会结构与空间结构两者之间的逻辑关系；从空间的原型、秩序、边界来解析“家国同构”的社会意识在潮汕地区传统聚落中的空间表征[51]。李伯华（2018）尝试运用复杂适应系统理论来研究传统村落的人居环境演化，以张谷英村为例分析了传统村落人居环境系统的系统特征、系统构成和适应机制，以及多元主体的交互作用对张谷英村人居环境演变的重要影响[52]。李久林、储金龙等学者（2018）以古徽州传统村落为例，从宏观和中微观结合的视角入手，利用GIS空间分析来研究不同历史阶段的空间特征、分布类型和分布格局。基于对空间特征的深入认知，从地理环境、交通区位、人口迁移、经济文化发展、地域身份认同等方面探索传统村落空间演化的动力机制[53]。蒋宇阳、申明锐等（2019）以汕头市东仙村为例，梳理出这个曾经具有典型宗族治理传统的潮汕乡村在不同时代的社会结构特征，并利用空间分析的方法研究聚落空间及结构的演变，研究空间结构和社会结构之间的关联响应逻辑及治理互动规律，从而来验证村落空间结构对社会结构的反映和体现[54]。贾子玉、周政旭等人（2019）以黔东南苗族山地传统聚落为例，探索了苗族聚落形态特征与类型的量化研究方法，构建了山地传统聚落的三维空间形态量化指标体系，拓展了对山地聚落三维空间特征分类的认识深度与生成逻辑，从三维空间的量化角度对未来聚落形态规划与分类保护提供了有益的帮助[55]。

未来，关于乡村聚落空间的优化路径、居民活动行为、政策制度和地方文化对乡村聚落空间演变机制的影响还存在广泛研究的空间。

④ 历史文化村镇价值及其评价

古村落、传统村落及历史文化村镇是劳动人民生产和生活的物质空间单元，是具有独特地方特色的乡土文化的空间载体，反映了人类和土地相互作用影响的关系，蕴含着深刻丰富的历史印记，并随着历史的进程和发展不断沉淀其内涵价值。历史文化村镇具有丰富的文化价值、历史价值、美学、经济价值、艺术价值、科研价值等。历史文化村镇的价值分析及对其价值评估的研究既能为历史文化村镇的保护与发展提供科学的理论依据，又对历史文化村镇的可持续发展提供重要的现实指导意义。

历史文化村镇的丰富价值，长期以来引发众多学者的关注、思考和深入探索。众多专家学者从多角度针对不同地区展开研究，早期的价值研究多通过深入全面调查某个具体地区，来对历史文化村镇具有的价值内涵展开定性的分析和描述。随着研究的进一步推进，对历史文化村镇价值内涵的认知逐渐开始从多角度深入和扩展，对价值的分类也愈加细化。起初的研究多关注物质空间环境的价值，之后逐渐开始重视非物质文化及历史文化村镇居民的生产生活要素的价值分析及评价。在对历史文化村镇的价值进行评价时也开始逐渐探索如何结合定量分析的方法，优势互补，通过多个指标建立价值评估的指标体系，进行指标的测度，从而对历史文化价值进行综合评价。

朱晓明（2001）研究了传统建筑的特点，建筑与自然环境及社会发展的关系，同时考虑主观感受和客观评价，从历史价值、基础评价和居民意向三方面建立古村落评价体系，对古村落价值进行评价[56]。阮仪三（2002，2012）认为江南水乡古镇具有宝贵的历史文化价值，“相天法地、天人合一”的哲学思想价值，兼收并蓄的文化价值，河道形态与古镇空间布局、小桥流水、民居建筑和谐统一的建筑规划及美学价值，指出了江南水乡古镇人与环境和谐共生，呈现独特的水乡社会网络关系，并指出了江南水乡古镇的历史价值、文化特色对当代城镇发展的启示[57，58]。梁雪春（2002）尝试将定量分析方法引入建筑遗产的价值评价中，建立了建筑遗产评估评价指标体系并进行实证研究。这是较早将定量分析的评估方法引入历史文化村镇研究中的实例，并且在当时通过实证的检验，得到行业内的肯定和认可[59]。吴承照（2003）以浙江省高迁古村落为例进行了实证研究，首先分析了古村落在历史文化、审美和游憩体验等方面存在丰富的价值，重点总结了高迁古村落体现在完整的综合文化体系、生活体系、水文化体系和家族聚居模式等方面的历史文化价值[60]。邵甬（2012）认为历史文化村镇的价值可划分为原生价值和派生价值，通过关注历史文化村镇价值的特征评价与真实完整性评价两方面因素来建立层次结构模型，并用综合评分法建立权重，构建了适合中国历史文化村镇价值特点的评价体系[61]。杨开（2017）以江西省峡江县湖州村为例，从村落的选址营建、山水格局与内部肌理、地方特色文化、族群迁徙演化以及优秀传统文化角度等分析历史文化名城的综合价值[62]。汪瑞霞（2019）认为传统村落的自然环境生态、空间构成生态、市镇关系生态、人文生态等核心要素及其之间的相互作用关系，共同形成了中国传统村落文化生态价值的内涵[63]。

学者们关于历史文化村镇价值的评价，一部分是针对历史、文化、艺术、美学、经济等多方面价值类型去评估，另一部分主要是针对历史文化村镇的自然环境、历史建筑、旅游开发、民俗文化等非物质文化遗产的价值去分析评价。从价值评估流程上来看，研究多集中在历史文化遗产的调查、价值评估以及保护利用等环节。其主要在建立价值评价体系的基础上，利用层次分析法、德尔菲法、模糊综合评价法、因子分析法等评估模型进行定量的分析评价，通过定量与定性相结合进行更为科学的评估。

⑤ 历史文化村镇景观

历史文化村镇是地域文化的重要载体，有其独特的地域文化特征和文化景观表现。传统聚落的景观特征一直吸引着众多建筑学、规划学、生态学、地理学、社会学学者的关注，关于历史文化村镇景观的相关研究主要集中在分类类型、区域差异、基本特征、形成机理、保护机制、研究方法等方面。

从不同的理论视角出发，或者按照不同的分类方法，学者们对文化景观有不同的分类。例如，按照文化生态学理论，文化景观分为物质文化景观和非物质文化景观两种类型；按照人类活动行为对景观形成的作用机制，文化景观分为自然景观、人工景观和经营景观三类[64]；刘沛林（1998）从“意象”（image）的定义和内涵出发，利用聚落空间形象的研究方法，对不同地域的古村落景观意象进行了比较研究，构建了古村落景观的空间多维立体图像，并指出在此居住的人的思想及文化的物化形象是对古村落文化景观的表征[65]。

历史文化村镇的景观特色是在一定地理条件和自然环境基础上，人类活动对其利用、适应、改造、创造，并与其发生互动和影响的结果，具有鲜明的地域特色和独特的文化特征。

如江南古镇的选址、聚落形态、街巷空间、民居特色、建筑形式、建筑风格等都是具有鲜明的江南特色的文化景观，村落的文化氛围、传承的民俗、民间信仰和艺术，都体现着厚重的文化内涵。同样，皖南古村落的文化景观特色也体现着浓厚的徽派传统文化特色。陆林等学者（2004）认为徽州古村落的景观特征体现着宗法观念、文化氛围和园林观赏美学情调，对宗祠、牌坊、民居、家塾、雕刻、园林等景观体现特征做了详细的描述和总结，并从自然环境、历史人口迁移、宗法观念、儒家思想的影响、园林情调、文化发展等方面研究了徽州古村落景观的形成机理[66]。

历史文化村镇的文化景观在不同地域的自然环境条件、不同地方的传统生产方式及地域文化的影响下，存在着明显的区域差异。如伍家平等学者（1992）分析了居住在贵州东南部亚热带山区的贵州苗族和侗族两个不同民族的聚落特征，发现这两个聚落的分布特征，内部空间形态、结构，建筑的布局、风格和功能等方面存在着明显的差异，其原因在于受各自不同的传统文化特征的影响[67]。

多民族地区文化特征的差异使得历史文化村镇显现出明显的建筑风格、风貌景观、民俗文化等方面的文化景观差异。同样，历史文化村镇不同的传统生产方式和生产的特点，也会形成不同的农业文化地域景观，例如云南的哈尼梯田文化景观、贵州的千户苗寨、西双版纳傣族自治州的圣山景观等。

众多学者从不同专业理论和视角出发，进行了大量的实证研究，运用多种方法对历史文化村镇文化景观保护的思路、方法、措施及机制进行了不同的研究。有的学者基于“意象”的研究理论，提出通过对传统建筑、公共空间、街巷空间、历史风貌特色的保护来实现对文化景观的保护；有的学者基于景观生态学理论研究基础，将传统文化景观的建筑等个体要素作为景观生态学中的斑块进行保护，同时将街巷作为廊道，实现对历史文化村镇文化景观格局的整体性保护，并通过区域文化景观的空间异质格局来突显其特色；也有学者尝试通过旅游开发方式，保护和激活文化景观，探寻实现历史文化村镇文化景观可持续性发展的可能性；有的学者从本土社会学理论视角出发，通过不同行为主体的行为，对历史文化村镇的文化景观变迁机制进行研究。如刘沛林（2010）分析了中国传统聚落景观的特点，通过对传统聚落的景观要素的识别，寻找确定传统聚落的景观基因，认为核心要素由心理、生态、美学、环境、文化和时序构成[68]。刘森林（2011）在其出版的专著中解释了村落市镇景观的类型、规模、容量，研究了村落景观的形成、结构、景观图示、平面组合和空间形态，并对其景观构成、处理手法、建构系统、公共景观、人居观念与聚居模式等进行深入分析，研究了村落市镇景观变迁的社会机制和控制策略[69]。

随着城镇化的快速发展、经济水平的提升、旅游产业的发展和社会的变迁，历史文化村镇的文化景观受到影响，学者们对其影响机制和保护模式与途径进行了广泛的研究。

王云才（2014）从景观生态学的理论基础出发来研究传统文化景观，以苏州市角直镇为例，在对传统文化景观调研分析的基础上，从文化视角进行乡村景观的分类，借助空间数据解析文化景观的空间特点，构建了传统文化景观生态网络格局，从而实现区域性整体传统文化景观保护[70]。阴劼（2015）以世界文化遗产开平碉楼与村落为例，在分析传统村落景观特点和感知特征的基础上，利用ArcGIS进行空间视域选线的方法来确定最佳观景路线，为历史文化村镇的景观保护与开发利用提供技术支持[71]。胡最（2018）借鉴生物基因组图谱研究的理念，尝试利用景观基因组图谱，从地理学视角来解释传统聚落景观要素与聚落整体意象之间的关系。通过分析景观基因组的特征，构建传统聚落的景观基因组图谱。并以湖南省30个传统聚落为例进行研究，实现传统聚落景观数字化保护，探讨不同区域的传统聚落景观的空间结构特征，分析了传统聚落的典型规划模式[72]。

随着目前“乡村振兴”战略的实施和政策对于传统文化传承的重视，历史文化村镇的历史风貌和历史文化的保护与传承得到社会广泛的重视与关注，很多学者用多种跨学科的方法，积极尝试从多元视角对历史文化景观特色保护、传统文化保护传承策略以及与旅游开发之间的关系都进行了研究。

胡慧（2019）综合人文地理学和景观生态学的研究方法，尝试利用景观基因信息链的方法来探讨传统聚落文化景观的保护。以湖南省衡山县萱洲古镇为例，利用GIS软件和空间句法软件进行古镇空间形态特征的分析，结合定量方法来识别古镇的景观基因信息链，明确文化景观整体格局的影响因素，进一步深入挖掘当地传统聚落文化景观特色[73]。池方爱（2019）借鉴了声景观学科的理论和研究成果，探索从“传统村落声景观”的角度来研究传统村落的保护策略。以浙江斯宅村为例，从自然声景观、日常生活声景观、历史文化声景观、联想声景观四个方面对斯宅村传统村落声景观进行分析解读。并以“传统村落声景观”为指导，构建传统村落声景观保护网络体系，为传统村落的保护研究寻找到了新的切入点[74]。曹永茂（2019）基于“城市历史景观”的理念方法来探讨历史城镇的保护，通过分析城市历史景观的内涵，建立“遗产时空模型”，以丰盛古镇进行实证研究，进行历时性的历史层积挖掘和共时性的景观特征识别，从而针对性地提出基于历时性的分视角保护和基于共时性的分层次保护策略，以实现历史城镇生命力的延续[75]。任凯（2019）基于空间生产理论，从生态学视角来探索乡村景观空间生产的过程、模式和景观秩序的建构；基于实现乡村振兴的目标，建立了乡村生产价值范式和多元生态理念的景观秩序；并以西北传统村镇为例，构建多元生态景观建构耦合模型，进而建构复合生态资本，以利于乡村生态资本的经济转化[76]。

⑥ 历史文化村镇保护与发展

历史文化村镇是历史文化积淀的空间载体，现在依然承载生活、生产、社会交往、旅游观光等多种功能的活文物，如何保护和发展并行，在保护历史文化村镇的同时如何协调好发展的问题，如何通过保护来促进发展，一直以来都引起地理学、建筑学、旅游学等不同学科众多专家学者的关注和思考。很多学者从历史文化村镇的保护规划设计、旅游开发与保护的关系，保护与发展的相互关系、历史文化村镇的保护对策与发展模式等方面开展了广泛的研究。赵勇（2008）分析了历史文化村镇保护规划的原则方法，并对历史文化村镇保护规划的内容进行了重点研究，认为对历史文化村镇的保护包括历价值特色分析、保护范围划定、街巷空间保护、建筑保护整治、环境协调等内容[16]。

学界对于江南水乡古镇的保护与发展的关注开展较早，阮仪三、邵甬、袁菲、肖建莉等学者对江南水乡古镇的宝贵价值、风貌保护、保护与旅游开发的共赢模式、可持续发展的机制和对策等进行了大量深入持续的研究。阮仪三（1999，2003，2011）从历史建筑保护、街巷空间保护、风貌保护等方面详细介绍了江南水乡周庄古镇保护与规划的内容[77]，并且积极探索了如何在遗产保护和旅游开发中获得共赢发展的模式[78]，思考如何在满足现代化生活生产方式需求的同时，把江南水乡古镇的保护融入当代城镇建设之中，进而提出了和谐共生、传承和促进文化发展、永续发展的理念，指出江南水乡古镇的合理保护利用也是一项惠及全民的文化事业，是对中国优秀历史文化传统的尊重与继承[79]。

众多专家学者以不同地区的历史文化名镇名村进行个案研究，针对各自的不同特征和特色从多个角度积极开展历史文化村镇保护与发展的研究。例如，阮仪三、吴承照等学者（2001）探讨依托平遥古城的文化资源来发展文化经济，积极通过市场经济筹集保护资金，以期实现平遥古镇的可持续性发展[80]。阮仪三、蔡晓丰等学者（2005）分析了南浔镇东大街历史街区的现状情况，以恢复肌理作为关键的手段，为南浔镇的历史文化街区风貌整治规划提供方法和思路[81]。

近年来，越来越多的学者开始关注保护历史文化村镇的地方乡土文化特色和传统文化传承，并积极以文化传承、留住乡愁为出发点开展历史文化村镇的保护与发展策略研究。刘沛林（1999）以湖南传统村镇张谷英村、德夯村为例，利用感应和行为地理学的理论和方法，从强化核心建筑、体现场所精神、营造开放式感应空间、保护乡土文化特色等方面进行传统村镇的感应空间规划，既体现地方文化特色，又促进当地旅游经济的发展[82]。吴承照（2001）以平遥古城作为研究对象，从文化经济的角度出发，对历史城镇的可持续发展策略进行研究。充分利用古城的历史文化资源优势，通过文化提升吸引更多游客，促进当地旅游发展，从而达到推动当地文化经济发展的目的[80]。陶文静（2012）等学者认为江南水乡的各种丰富价值来源于人民的生活、文化、智慧和创造，提出以“人民性”为尺度，从保护多元文化的丰富性、尊重水乡人民生活的活态文化、关注人民的多元诉求等方面对江南水乡城镇进行保护，从而积极探索古镇生命力的从延续、激活到合理利用的发展路径，建设以“人民为中心”的中国特色城镇[83]。阮仪三、肖建莉等（2014，2017）提出保护好历史建筑就是保护好历史记忆，进而才能留住乡愁。在存量规划背景下的保护实践中，应该尊重历史建筑和历史记忆，坚守保护底线，拒绝大拆大建，避免假古董，坚持“真实性”原则，同时应该突显地方性特色，树立文化自信[84,85]。包蓉等人（2019）从实现历史文化村镇传统民族文化的保护传承和发展的角度，基于符号学、场所精神和城市意象理论，提出了景观民族化的设计方法，结合文化空间和民族文化内容的研究，挖掘筛选民族文化基因，力图构建“形—情—意”交汇的民族特色文化村镇景观模式[86]。

随着遥感、测绘技术的数字化技术的迅速发展，数字化技术在各种文化遗产保护和监测中发挥了越来越多的作用，使得历史文化村镇的保护拥有了新路径、新模式。刘沛林等（2017）指出数字化技术可以为保护历史文化村镇提供技术支持和保障，通过信息采集、数字化记录与存储、建设历史文化村镇数据库，既能实现对历史文化资源数字化存档保护，又能对其进行实时监测，还可以进行数字化成果的修复、重建和多维数字化成果的传播，实现对历史文化村镇的科学智能化保护与管理以及文化遗产的永续传承[87]。李哲（2019）尝试利用江西流坑村和浙江胡卜村的多源数据，通过三维技术对传统村落的空间特征进行量化分析，对传统村落的智慧建设进行深入挖掘，积极探索传统村落数据的综合存档方式，提升传统村落数字博物馆建设潜力，助力传统村落的保护和研究[88]。

很多学者从社会学、旅游学等不同学科的理论和角度出发，探索历史文化村镇的保护与发展路径。许重岗（2003）从社会学角度出发，建议以建立古村落历史文化保护区的方式来保护历史文化遗产以推动古村落生产力的发展，同时建议关注村民的需求、文化素质、保护态度等与“人”相关的因素，并建议建立一套古村落社会保护保障系统[89]。邵秀英（2010）认为古村落的旅游开发涉及多元利益和诉求，从公共管理的视角来研究古村落的旅游开发与保护问题。关注村落整体利益，促进公共管理有效治理，探索在古村落保护和发展的同时，实现多元利益主体的共赢[90]。江捷（2015）以旅游交通组织模式作为切入点，以江南水乡古镇为例，构筑了一种“中枢-终端”式的旅游交通组织模式，提供多元公交服务，兼顾不同群体的出行需求，实现旅游发展与资源保护的共同目标[91]。王勇（2019）调查了苏南地区12个传统村落，根据其不同的发展特征将其划分传统技艺传承型村落、旅游发展推动型村落、综合开发发展型村落、生活居住服务型村落四类，提出各自适宜的保护和发展路径[92]。

⑦ 历史文化村镇其它专题研究

针对历史文化村镇公共空间的特点、功能、研究机制和保护更新，学者们展开了大量的研究。传统聚落的公共空间作为传统聚落或者历史文化村镇中人们日常社会活动和社会交往的重要场所，是人们集中活动的重要公共集中区域和物质空间基础，也是地方传统文化产生、发展、传播和传承的重要载体，是体现人们个体和群体行为方式特点并体现一定社会秩序的物质空间场所。因为自然环境、社会经济、文化背景的差异，公共空间有其空间性、独特性和活跃性。近年来对公共空间的研究视角也从关注公共空间的物质形态、设计营造、保护与发展拓展到公共空间的功能激活、更新重构、社会关系、演变机制。文化人类学、文化生态学等理论也积极融入，使得相关研究理论更加充实，研究方法也从定性的描述性总结分析开始结合定量的分析方法。

关于公共空间的保护与更新，一些学者针对具体的案例进行了分析，并提出公共空间保护的具体措施和更新的建议。郑霞（2009）从保持营造自然景观交往空间、保持恢复历史建筑交往空间、塑造和谐公共交往空间并注意空间尺度和空间秩序的维护等几个方面提出传统村落公共交往空间的传承策略[93]。齐滕（2015）针对古村落公共空间公共生活衰退的现状，以南京市高淳区固城镇蒋山村为例，融合景观生态学的理论和方法，通过公共空间结构建构、廊道空间设计、节点建设、景观环境营造等措施来实现古村落公共空间更新设计，使古村落焕发新的生机与活力[94]。张兵华（2018）以福建山地型古村落桂峰村为例，从自然生态景观空间、乡土生活邻里空间、伦理秩序的精神空间三方面进行公共空间的营造，并从土地权属变迁角度研究公共空间重构更新的方式[95]。

关于公共空间形成和演变的机制，学者们也从不同角度展开了研究。薛颖（2014）以关中地区传统村落为例，从农村社区重构角度出发，研究了传统村落公共空间演变机制，认为其公共空间的变迁受到村民需求、社会因素、保护意识、社会各界重视程度和农村社区发展需求的影响，并提出其传统的公共空间及文化的保护策略，助力能够安放“乡愁”的城镇化的实现[96]。

近年来，空间句法等方法也常用来研究历史文化村镇的公共空间特点和形成机制。王静文等人（2017）以桂北传统聚落公共空间作为研究对象，从空间句法的视角来研究聚落公共空间，分析公共空间的建构机制[97]。金丽纯（2019）基于图论和相关拓扑分析法，利用空间句法模型对传统村落公共空间结构进行定量分析并探究其形成机制[98]。

近年来，我国学术界出现针对历史文化村镇的空间文化学、文化人类学方面的探索，开始逐渐关注历史文化村镇空间表现下的文化和社会意义。例如，杨贵庆（2016）认为，我国传统聚落空间的特征有深刻的社会学意义，它与特定历史阶段人们的社会生活关系特征、血缘与亲缘关系脉络有重要的关系，应该通过探索传统空间聚落背后蕴含的社会学意义，结合新时代社会经济的发展活力，来真正实现历史文化村镇的保护和传承[99]。

随着社会各界对历史文化村镇保护关注的增多，我国开始出现一些针对历史文化村镇保护评价、监测及预警的研究，但研究尚不成熟，目前仍处在理论探讨和初步实践的阶段。如赵勇（2008）进行了历史文化村镇的保护评价研究，利用因子分析和聚类分析确立了保护评价指标和预警指标的影响因子，建立了保护评价指标体系和保护预警系统，并进行了实证研究[16，100]。武艳文以陕西省党家村为例，基于GIS技术构建历史文化村镇数据库，对历史文化村镇进行动态监测分析，通过空间聚类分析，发现历史文化村镇分布的空间规律，并为历史文化村镇保护规划的深入研究奠定了基础[101]。王军（2016）分析了我国传统村落保护面临的问题，指出对传统村落保护进行动态监控的必要性，建构了传统村落保护动态监控体系，并建立了长效的传统村落保护持续管控体系和保护动态监控组织，这套动态监控体系可以作为村落修缮建设、管理机构保护行动以及传统技艺传承的依据，从而提高管控合理性，为保护与建设管理提供参考[102]。冷泠（2011）、张淞茜（2012）对四川和重庆的历史文化村镇进行了实地调研，分别针对外部空间和文化空间，构建了相应的保护预警指标体系，通过模糊网络分析法（F-ANP）分别进行外部空间和文化空间的保护预警研究[103，104]。赵在绪（2015）将安全预警的理论应用在传统村镇动态保护中，基于GIS技术建立传统村镇外部空间保护的预警数据库，构建动态预警监测技术系统，建立山地传统村镇先期保护和动态保护的模式[105]。李哲（2019）以中国传统村落江西流坑村和浙江胡卜村为例，对传统村落的选址及风水环境进行三维数据的量化评价分析，助力我国传统村落数字博物馆建设，提升数字博物馆的科学研究价值，并能精准快速地进行村落空间形态布局、民居建筑空间以及街巷空间的空间统计量化分析，对我国的传统村落保护、研究和动态监测具有重要意义和价值[88]。

2.1.2 中国历史文化村镇保护实践

历史文化村镇保护源于历史文化遗产保护，我国现代意义上的历史文化遗产保护思想起源于20世纪初。我国历史文化遗产保护体系从文物保护为中心，发展到增添了保护历史文化名城的双层次保护体系。随后，重心逐渐转向历史文化保护区的多层次保护。近年来，已发展至历史文化名城、名镇、名村、传统村落的全面保护阶段。同时，对历史文化村镇保护的研究，不断从制度、法规、技术方法等方面完善历史文化名镇名村保护的要求和内容，基本形成以规划学、建筑学、风景园林学、地理学、历史学等多学科交叉和融合的模式。国内保护实践研究涵盖历史文化村镇的民居保护与改造、环境提升、风貌保护、制度建设、旅游开发以及保护利用等方面。

（1）历史文化村镇保护的基础理论框架和保护实践

1982年颁布的首部《中华人民共和国文物保护法》赋予历史文化名城正式的法律地位。同年，国家颁布第一批24个“国家级历史文化名城”，我国历史文化名城保护制度正式建立。1980年代初期，同济大学对周庄、同里、乌镇、西塘等众多江南水乡古镇进行调研、实测、记录和规划，出版了《中国江南水乡》《江南古镇》等著作，并逐步开始编制古镇保护和整治规划，1986年同济大学编制苏州市昆山周庄名镇保护规划[106]。基于这一个阶段的研究成果，国内众多学者（吴良镛，1983；王瑞珠，1992；王景慧，1994）对历史文化名城保护的内容进行了系统总结和归纳，为后来历史文化村镇保护搭建了基础的理论框架[107]。

（2）基于乡土建筑环境的历史文化村镇保护

20世纪90年代开始，随着传统村落中的古建筑群陆续被列为全国重点文物保护单位，国内诸多学者将视线聚焦传统聚落，开始了基于传统建筑学以历史建筑保护为出发点的历史文化村镇保护研究，以乡土建筑和民居聚落为核心研究对象，从认识论的角度，通过田野调查，对“地域建筑和聚落环境的类型特征、空间形态、营造技术、文化渊源、审美价值与环境融合等内容”进行研究。此阶段的重要实践成果包括彭一刚（1992）对村镇聚落景观的研究[29]，单德启（1992）对广西欠发达地区民居改造的研究[3]等。在这一个时期，历史文化村镇保护主要以乡土景观、传统民居改造、历史建筑保护等为主要内容，着重研究传统建筑及乡土景观的历史价值及其在当代的延续，之后逐渐扩展到对传统聚落的其它要素的研究，如风水、宗法、环境结构、民俗文化等，规划领域开始关注并介入历史文化村镇的保护工作。

（3）历史文化保护区研究

1986年，国务院转批建设部、文化部《关于请公布第二批国家历史文化名城名单的报告》中提出："对文物古迹比较集中，或能较完整地体现出某一历史时期传统风貌和民族地方特色的街区、建筑群、小镇、村落等予以保护"，划定为地方各级"历史文化保护区"。历史文化保护区概念的确立，使历史文化村镇首次作为独立完整的研究对象出现在历史文化保护体系当中，促进了对中观尺度历史文化区域的研究发展。之后国内学者们通过安徽屯溪历史街区、北京国子监、苏州平江历史街区等保护实践，探索历史文化保护区的基本原则确定、保护方法建构、实际问题应对、空间设计引入、市场机制影响等相关理论，建构了一个较为完整的历史文化保护区理论体系。同时，从2000年开始，越来越多的地方政府意识到历史文化保护工作的重要意义，"皖南古村落——西递宏村"成功申报世界文化遗产进一步推动了村落保护工作，很多省市陆续开展历史文化村镇的保护实践和研究[107]。

（4）历史文化名镇（村）保护

2002年，我国颁布修订版《中华人民共和国文物保护法》，将"历史文化保护区"逐渐分化为适用于城市范围的"历史文化街区"和乡村范围的"历史文化村镇"两个法定概念，这意味着历史文化村镇逐渐从历史文化保护区的综合研究中脱离出来，成为一个相对独立的研究范畴[107]。

2003年，《中国历史文化名镇（村）评选办法》出台，同时公布了第一批中国历史文化名镇（村）。"历史文化名镇（名村）"正式成为法定概念。

由此，对历史文化村镇的研究进入了法制化与系统化的发展阶段。国家逐步加强了对历史文化村镇保护工作的重视程度，提高了我国历史文化村镇保护工作的法治高度，见表2-1。

表2-1　我国历史文化名城名镇名村保护体系发展历程

时间	法律	法规	部门规章与规范性文件	保护实践
1948				梁思成主编《全国重要文物建筑简目》
1956		国务院下发《关于在农业生产建设中保护文物的通知》		

续表

时间	法律	法规	部门规章与规范性文件	保护实践
1960		国务院颁布《文物保护管理暂行条例》		
1961		国务院下发《关于进一步加强文物保护和管理工作的指示》		首批全国重点文物保护单位共180处
1963			文化部颁布《文物保护单位管理行行办法》	
1974		国务院下发《加强文物保护工作的通知》		
1982	《中华人民共和国文物保护法》颁布		国务院下发《关于保护我国历史文化名城的请示》	首批国家级历史文化名城24座，第二批全国重点文物保护单位62处，标志着我国历史文化名城保护制度开始建立
1983			建设部颁布《关于加强历史文化名城规划的通告》	
1984		国务院下发《城市规划条例》		历史文化名城保护学术委员会成立
1986			国务院转批建设部、文化部《关于请公布第二批国家历史文化名城名单的报告》	第二批国家级历史文化名城38座
1987				第三批全国重点文物保护单位258处
1989	《中华人民共和国城市规划法》颁布			
1991	《中华人民共和国文物保护法》修订			
1994			建设部、国家文物局联合下发《历史文化名城保护规划编制要求》	第三批国家级历史文化名城37座
1996				第四批全国重点文物保护单位250处
2001				增补国家级历史文化名城2座；第五批全国重点文物保护单位518处

续表

时间	法律	法规	部门规章与规范性文件	保护实践
2002	《中华人民共和国文物保护法》修订			标志着“历史文化保护区”逐渐分化为“历史文化街区”和“历史文化村镇”两个法定概念
2003				第一批中国历史文化名镇名村22个
2004				增补国家级历史文化名城1座
2005			建设部下发《历史文化名城保护规划标准》	增补国家级历史文化名城1座；第二批中国历史文化名镇名村58个
2006				第六批全国重点文物保护单位1080处
2007	《中华人民共和国城乡规划法》颁布；《中华人民共和国文物保护法》修订			增补国家级历史文化名城7座；第三批中国历史文化名镇名村77个
2008		国务院颁布《历史文化名城名镇名村保护条例》		第四批中国历史文化名镇名村94个
2009				增补国家级历史文化名城1座
2010				增补国家级历史文化名城1座；第五批中国历史文化名镇名村99个
2011	《中华人民共和国非物质文化遗产法》颁布			增补国家级历史文化名城6座
2012			住房和城乡建设部、国家文物局联合下发《历史文化名城名镇名村保护规划编制要求》（试行）	增补国家级历史文化名城2座

续表

时间	法律	法规	部门规章与规范性文件	保护实践
2013	《中华人民共和国文物保护法》修订			增补国家级历史文化名城4座；第七批全国重点文物保护单位1943处
2014			住房和城乡建设部下发《历史文化名城名镇名村街区保护规划编制审批办法》	第六批中国历史文化名镇名村
2015	《中华人民共和国城乡规划法》修订；《中华人民共和国文物保护法》修订			增补国家级历史文化名城3座
2016				增补国家级历史文化名城3座
2017	《中华人民共和国文物保护法》修订			增补国家级历史文化名城2座
2018				增补国家级历史文化名城1座；第七批中国历史文化名镇名村271个
2019	《中华人民共和国城乡规划法》修订			第八批全国重点文物保护单位共762处，另有50处与之前合并

在此期间，不同学科领域共同参与编制、实施保护规划和相关管理工作的研究，以建筑学、规划学、风景园林学为主导，联合历史学、地理学、文化学、社会学、经济学、管理学等相关学科，遵循“建筑保护拓展”“物质遗产保护”“全要素保护”“可持续发展”等多种保护发展理念，采用定性与定量互补的方法，展开了对历史文化村镇认知、保护、发展几个不同层面的研究。

（5）传统村落保护

2014年《关于切实加强中国传统村落保护的指导意见》中提出传统村落的保护措施以及监督管理措施等。同年，中国传统村落立档调查启动，并发布了《传统村落调查登记表》。

这一系列举措将历史文化村镇保护工作进一步细化，扩展到传统村落保护的深度。中国的村落遗产可分为世界级村落遗产、历史文化名村、国家级传统村落和省市级传统村落四类，详见表2-2。

① 世界级村落遗产：由联合国发起，属于世界文化遗产。我国的村落遗产有：皖南古村落——西递和宏村（2000）、开平碉楼与村落（2007）、福建土楼（2008）以及哈尼梯田古村落（2013）。

② 历史文化名村：2003年起由国家建设部（现住房和城乡建设部）和文物局组织评选国家级历史文化名镇名村。主要强调的是文物数量丰富，具有重要价值，能够反映不同地域的历史传统风貌。

③ 国家级传统村落：2012年起由四部门展开的分批次国家级传统村落评审与调查工作，涵盖我国大部分地区有重要保护价值的传统村落。

④ 省市级传统村落：2015年各省市为贯彻落实“建立地方传统村落名录”的工作要求，陆续开展了省级市级传统村落的评选工作。

世界级村落遗产、历史文化名村、国家级传统村落和省市级传统村落共同组成了完整的传统聚落体系，能够最大程度、最大范围地涵盖传统村落并有利于保护工作的开展。

表2-2 我国不同类别的村落遗产基本情况

类别	评选部门	数量	联系	区别
世界级村落遗产	联合国教科文组织、世界遗产委员会	共4处	从各层次多角度对我国传统村落进行了不同程度的保护和研究，引起了社会各界的广关注	自下而上，传统村落的保护级别越高；自上而下，传统村落的保护范围越广
历史文化名村	国家建设部、文物局	共7批487处		
国家级传统村落（中国传统村落）	住房城乡建设部、文化部、国家文物局、财政部	共五批6819个		
省市级传统村落	各省住建厅、各市政府	尚未统计		

我国2019年通过认证的国家级传统村落数量已达到6819。传统村落保护工作已被列入2017年1月国务院办公厅印发的《关于实施中华优秀传统文化传承发展工程的意见》。2017年2月住建部启动“中国传统村落数字博物馆”建设，打造村落研究领域高水平的数字化平台，力图打开中华传统农耕文明面向世界的窗口，增强国家文化软实力。

2.2 国外历史文化村镇研究进展与保护实践

2.2.1 国外历史文化村镇研究进展

国外对于历史小城镇和古村落的保护在很早前就得以重视。欧洲国家的历史文化遗产十分丰富，于是也较早地产生了保护历史文物和历史建筑的思想。从保护措施上来看，最初大多集中在个人的收藏行为，随后逐渐发展为由政府以及相关国际组织陆续制定保护的法律、法规以及宪章等。在形成自身完备的传统历史文化村镇保护制度过程中，最初仅仅是对建筑单体进行保护，以及对著名纪念物的保护，后来发展为对更多的住宅和乡土建筑进行保护，以及对人居环境和城镇肌理等的保护。

从1930年《风景名胜地保护法》在法国出台，至1964年《国际古迹保护与修复宪章》得以颁布，保护建筑周边环境的工作已经不仅仅局限于村落范围，而是逐步拓展至乡镇以及更大范围的城市。在一些国家如美国、法国、英国和日本等，均对历史小城镇以及古村落等进行了保护，并且建立了乡村建筑遗产登录制度。其中关于对保护资金的来源，以1980年美国成立国家信托基金设立“国家主要街道中心”款项为标志，已经完全由过去的个人收藏出资过渡到国家协会联合出资，保护的立法层度和公众参与度已得到全面发展[108]。

① 关于城市建筑遗产保护的理论研究

法国关于文化遗产修复保护的相关研究开展得相对较早，形成了当时著名的法国建筑遗产修复保护学派，以维奥莱•勒•杜克（Viollet Le Duc）等专家为典型代表，他们关注历史文物建筑遗产的完美艺术性以及统一和谐的风格，因此对建筑遗产的外部形态和内部结构都采取和追求科学修复的措施。他们主张针对建筑遗产的具体情况采取具体的修复和保护措施，使古建筑恢复并焕发其生命力。在这种建筑遗产保护思想的影响下，法国政府非常重视建筑遗产的保护，先后颁布了《历史性建筑法案》、《纪念物保护法》、《历史古迹法》、《风景观保护法》和《马尔罗法》等一系列法案，促进其文化古迹、历史建筑和文化遗产的保护发展。其中，《马尔罗法》首次提出并界定了“保护区”的概念和意义，对世界城市建筑遗产的保护和发展产生了十分深远的影响。

同时，以约翰•拉斯金（John Ruskin）和莫里斯（William Morris）等学者为典型代表人物的英国建筑遗产保护学派的专家们，深受浪漫主义思想的影响，认为古建筑是无法再现的。这一学派主张应该保护古建筑的原有面貌，提出应该以保护（Protection）代替修复（Restoration），并且应该在保护的过程中通过一定的措施实现与原古建筑的识别性，从而实现保护和识别古建筑的历史印记的目的。

在此基础上，意大利借鉴法国和英国的保护思想和理念，形成了一种相对折中的保护思想，以意大利建筑遗产保护学派为典型代表。这个学派主张应该实现历史建筑、历史环境和历史城市的相互协调统一。他们把历史环境当作一个整体，认为历史建筑就是历史城镇中存在的一个片段，从而追求实现历史文脉的延续。对于历史建筑的修复要考虑历史城区、历史环境的文脉和风貌相协调，追求尺度、样式、风貌等的相似性，但是强调必须尊重历史建筑的真实性，在历史建筑修复时必须保持合理的现代方法和建筑材料的比例[109]。

进入20世纪末期，人们开始对传统的历史遗产保护和修复的相关理论展开反思。David Lowenthal（1985）作为这种思想中非常有代表性的专家，在《The Past Is a Foreign Country》一书中分析了历史与遗产的本质差异，并且从发展的角度来重新思考和研究文化遗产所具有的历史意义和时代价值，为当时的文化遗产保护带来启发性[110]。另外，Spiro Kostof（1999）在《The City Shaped：Urban Patterns and Meanings Through History》中从人类学角度出发，将城市还原为一种基本模式，认为城市历史的保护与传承对历史村镇的保护有着重要的指导意义[111]。

② 关于遗产保护与发展的策略研究

随着全球对于遗产保护关注度的提高，世界各国的专家学者对历史文化遗产中历史环境的保护与发展进行了积极探索，也为历史文化村镇的保护传承提供了很多有价值的建议和有效可行的保护措施。

欧洲的Steven Tiesdell（1995）以英国诺丁汉市中心的花边市场所在的历史街区保护与发展为例，探索了历史街区的保护和经济发展之间的关系，认为应通过历史街区的重建和功能的更新激发地区经济发展的活力，历史街区的保护不能脱离经济的发展，历史街区的复兴应该建立在经济发展的基础之上。当然，经济的发展必然会影响传统产业的发展，并且会影响到人们与此相关的历史文化记忆，因此历史街区的保护与发展之间要协调[112]。

亚洲的Mohit和Kammeier（1996）研究了印度孟买的城市保护策略，认为保护工作除了注重保护区的划定和关注对历史建筑、历史环境的保护之外，还需从建筑的群属关系、税收、财政支持、保护政策、公众参与、专家技术等方面提供相关对策研究，认为应该实现历史文化遗产在经济和社会背景下的整体保护策略[113]。

亚洲的Sim Loo Lee（1996）将新加坡的唐人街和小印度历史街区作为研究对象，通过对这几个街区的功能和形态的调研，研究了在城市化快速发展进程中，对于历史文化街区的保护和发展如何引入市场化的经济运作，使历史街区的发展获得活力，从而为更好的保护提供经济条件，探索了历史街区保护与发展相协调的可行性[114]。

Strange（1996）从政治经济学的角度，探讨了英国历史城市的保护与保护政策、社会就业以及娱乐休闲等政治经济学涉及的因素密切相关，必须建立环境、保护和发展的综合可持续发展政策[115]。

日本的西村幸夫在（1997，2007）先后出版的《环境保护和景观创造》(《环境保全と景观创造》)和《再造魅力故乡：日本传统街区重生故事》中，对日本小樽、丽馆等十多个历史城镇的传统街区再生进行了研究，认为历史文化遗产的保护应该要以实现社区的发展为目标，并认为历史街区的再生需要地方自治团体积极参与，并与相关专家一起联合工作[116，117]。

Robert（2002）认为历史文化村镇的保护应该关注其真实性和整体性，并且注重文化认同的塑造，分析和评价了当时欧洲的历史文化遗产保护政策，并展望了保护政策的发展趋势[118]。

美国的Hakim，Besim S.（2008）对新墨西哥州阿尔布开克历史城镇的保护进行了研究，指出在保护历史城镇的同时应该确保公众与私人是公平和平等的关系，明确责任，满足社会公众对历史价值的需求，保护历史文脉的完整性，加强地域的归属感[119]。

③ 关于历史城镇保护规划的方法研究

Nahoum Cohen（1999）对欧洲传统古城镇的保护进行研究，在《城镇历史环境保护方法》一书中从空间类型学角度出发，分析了若干个欧洲传统城镇分别在建筑、街道、公共空间及自然环境方面的保护方法和策略[120]。

Pendlebury（1999）对英国泰恩河保护区内的Grainger历史城镇的保护进行了实证研究，指出应该注重保护历史建筑和城镇的空间形态，并进行视觉管理[121]。

阿兰·马莱诺斯，张恺（2000）对法国建筑、城市与风景历史遗产的保护进行了研究，讨论了历史保护区产生的背景以及在历史遗产保护方面的功能作用，总结了法国历史遗产保护的若干方法和经验[122]。

William J. Murtagh（1988）认为对于历史文化城镇的保护，要不仅关注历史建筑和传统街区的保护，还应从邻里社会关系的视角出发，研究传统城镇的保护方法，并提出社区未来发展应该结合当前历史城镇的保护与发展[123]。

④ 国外其它相关研究

西方关于聚落和乡土建筑遗产的保护研究开展较早，建筑学、社会学、经济学、历史学等学科交叉的研究方法使用较为广泛，多从不同视角展开研究。Rapoport（1997）从社会文化的视角出发，通过对一些世界范围内小聚落形态特征的研究，指出决定聚落空间形态的关键因子是社会文化，自然条件、材料和建构技术的重要性相对要轻[124]。

对于历史文化村镇旅游发展的研究，特别是近年来与遗产旅游相关的研究也是国外研究关注的热点。其研究方法多样，比如通过定量的分析模型进行研究。Parlett，Fletcher和Cooper（1995）对苏格兰历史城镇的旅游发展进行了研究，考虑通过历史城镇旅游政策调整，评估经济发展对历史城镇旅游以及保护的影响[125]。Kenedy和Ondimu（2002）将肯尼亚西部社区作为研究对象，了解其历史文化遗产保护现状，调研分析旅游者前去游览的原因，并在此基础上建立旅游吸引地的发展模型，为文化遗产旅游发展规划提供理论和实践支持[126]。Bedate等（2004）基于旅游消费的基本原理，对文化遗产进行了经济评价，认为历史文化遗产独特的历史文化价值和社会价值，会吸引旅游者到此游玩消费，通过消费还可以获得剩余价值[127]。

国外对于历史文化村镇旅游的研究方法多样，扎根理论、游客体验法在历史文化村镇旅游研究中的应用已相对成熟，研究涉及旅游影响、游客体验等多个方向。Beeho和Prentice（1997）将英国New Lanark村作为研究对象，使用游客体验ASEB栅格分析法来研究当地旅游发展和游客的旅游体验感受，游客们普遍认为该村的历史文化对他们的旅游选择具有极大的吸引力[128]。

Dewi（2014）以巴厘岛Pancasari村的旅游开发现状为例，通过决策实验室分析法研究指出，该村旅游开发的关键因素是保护好居民的传统习俗和该地居民的文化认知[129]。

Sesotyaningtyas和Manaf（2015）对爪哇的Kutoharjo村的旅游要素、旅游开发、社会经济情况、居民生活情况和当地财政进行综合的分析评价，认为当前的财政因素是制约该村旅游发展的关键因素[130]。

综合国内外研究的进展情况来看，我国和国外历史文化村镇的研究各有差异、各有侧重。从研究内容上看，国内的研究尺度较为多样，研究内容集中在历史文化村镇的建筑遗产风貌保护，建筑风格样式，历史文化村镇价值、形态和空间结构、规划设计、保护开发等方面；国外的研究开始得相对较早，现在多集中在中观和微观层面，更多的关注历史文化村镇居民的社会关系研究、生产和生活方式的研究，旅游可行性、旅游体验、旅游发展，文化景观可持续发展等方面的研究，并且这些方面的研究更为深入。从研究方法上看，国内历史文化村镇研究目前除了使用经典的定性分析归纳总结的方法，往往结合空间句法、GIS、景观基因分析等借助相关模型进行定量研究和分析；而国外的学者目前应用扎根理论、决策实验室分析等方法较为广泛和成熟。

2.2.2 国外历史文化村镇保护实践

国外对历史文化遗产的保护研究开展较早，不少国家非常注重历史村镇、历史建筑的保护。其中，历史村镇涵盖“传统村落”的概念，也被称为历史小城镇或古村落。国外历史文化村镇保护实践整体上可以分为以历史建筑和文物为保护重点，以及以历史文化村镇为保护重点的两个发展时期。经过长期不断的发展，遗产保护范围由建筑单体逐渐扩大到整个乡村环境，并不断深化对历史文化村镇保护价值的理解。

（1）15世纪早期至20世纪30年代

国外对于文物和历史建筑的保护工作始于15世纪的欧洲，按保护对象可划分为3个阶段：① 不可移动文物的保护阶段。在15世纪至16世纪中叶，意大利最早开始对单体文物建筑进行保护，保护对象为具有重要历史价值的古典建筑遗迹。② 不可移动文物建筑群的保护阶段。16世纪下半叶至19世纪20年代，欧洲国家开始关注古建筑群体的历史价值，并将保护范围拓展到古建筑群体。③ 有历史文化价值的建筑及景观环境的保护阶段。19世纪30～20世纪30年代，对于建筑的保护不再局限于有历史价值的建筑或不可移动文物，建筑中蕴含的艺术美学、道德伦理以及民族特征等价值也被广泛认同，保护对象扩大到具有使用价值的历史建筑，如从公共建筑转向传统乡土建筑。同时，研究范围扩展到街区、民居、村镇、人居环境，研究村镇肌理以及景观与建筑单体的关系。这一时期整个欧洲逐渐开始了对历史城镇保护的认识和关注。

（2）20世纪30～60年代

小城镇、古村落成为遗产保护对象，最早是在1930年法国的《风景名胜地保护法》中确立的。1933年的《雅典宪章》指出保护历史遗存的重要意义以及历史地区（村镇）、历史建筑的保护原则。20世纪50年代美国国家公园管理局“遗产保护指南”、英国“城市信托”项目等逐渐发展出村镇“整体保护”的概念。1964

年，《威尼斯宪章》提出应将体现独特文明、记录重要事件、展现历史发展的城乡环境纳入遗产保护的范畴。

从这一时期开始国际上对村落遗产普遍有了科学认识。

（3）20世纪60～80年代

20世纪60年代之后，国际社会对历史文化遗产保护工作的关注度持续升温，对于历史小城镇、古村落的保护工作形成了一定的关于保护的理论成果，体现在这一时期联合国教科文组织和国际古迹遗址理事会的一系列国际宪章中（表2-3）。在1975年国际古迹遗址理事会通过的《关于保护历史小城镇的决议》中，正式提出保护历史小城镇的概念，将调查、评估和保护历史小城镇特性作为保护的前提，指出“历史小城镇可按其规模、文化内涵和经济功能划分为不同类型，对历史小城镇进行再生和复原的措施必须尊重当地居民的权利、习惯和愿望”。1976年的《内罗毕建议》明确了历史地区的概念，突出其在构成城乡环境中的重要地位。1982年，《关于小聚落再生的特拉斯卡拉宣言》中提出对历史村镇要注重保护地方材料以及传统工艺使用的保护原则。1987的《华盛顿宪章》指出历史城镇的特征不仅包含物质部分，还包含精神部分。在此期间，联合国教科文组织（UNESCO）和国际古迹遗址理事会（ICOMOS）作为历史遗产保护的倡导者，相继推出了涉及历史村镇、古村落保护的一系列决议，并多次召开以历史城镇保护为主题的会议。在这一时期，历史城镇保护已成为国际社会的共识，普遍加大了对历史城镇和古村落保护的重视。

表2-3　国际宪章关于历史村镇保护的内容、原则及意义[131]

国际宪章	各个宪章关于历史村镇保护的主要内容、原则及其建议	意义
1.1964年国际古迹遗址理事会通过《国际古迹保护与修复宪章》	该宪章明确指出了历史村镇保护的重要性和内容范围：“保护文物古迹包括单个建筑物，还包括能够从中找出一种独特的文明，一种有意义的发展或一个历史事件价证的城市或乡村环境；规定文物古迹保护不能与其所见证的历史和其产生的环境分离”❶。尤其是全面阐明历史村镇文物建筑保护、修复以及遗址发掘、历史地段整体性保护等的措施和方法	标志着国际文化遗产保护范围已扩展到历史小城镇和古村落保护

❶ 国际古迹遗址理事会.国际古迹保护与修复宪章//联合国教科文组织世界遗产中心，等.国际文化遗产保护文件选编.北京：文物出版社，2007：52.

续表

国际宪章	各个宪章关于历史村镇保护的主要内容、原则及其建议	意义
2.1972年联合国教科文组织通过《保护世界文化和自然遗产公约》	该公约规定了世界文化遗产不仅包括从历史、艺术或科学角度看具有突出价值的文物古迹、古遗址和历史建筑群，而且包括具有文化和自然价值及真实性的自然区域、动植物生存区，尤其是历史村镇、历史建筑群受到了世界遗产委员会的高度关注。目前，我国已有安徽西递、宏村、福建土楼古村落、开平碉楼古村落、哈尼梯田古村落列入世界文化遗产名录	标志着联合国教科文组织已将历史村镇纳入世界文化遗产范围
3.1975年国际古迹遗址理事会通过《关于保护历史小城镇的决议》	该决议正式提出保护历史小城镇的概念，强调历史小城镇再生和复原的措施必须尊重当地居民的权利、习惯和愿望。针对历史村镇“面临着经济活力不足、人口外迁、古镇风貌遭受破坏”的威胁，提出了建议“国家立法、地方政策、保护规划”等政策措施，并强调“当地居民的自豪感、责任感和参与程度”是历史村镇取得保护成功的重要条件[1]	标志着国际社会高度关注和重视历史村镇文化遗产的保护、再生和复原，已正式提出了较为系统的历史村镇保护理论
4.1976年11月联合国教科文组织通过《关于历史地区的保护及其当代作用的建议》	该建议明确提出要保护历史地区和乡村环境中形成的人类聚落，规定了保护内容与范围，“包括史前遗址、历史城镇、老城区、老村庄、老村落以及相似的古迹群”等；强调要“维持历史村镇、传统地区及环境，使它们重新获得活力”，并使之适应于现代生活的需要；具体规定了历史村镇“鉴定、保护、保存、修复、更新、再生”等内涵要求[2]；特别强调了保护责任和措施；明确指出历史城镇是不可移动的世界性遗产，当地政府和广大群众都有责任共同保护；应运用法律、行政、技术、经济和社会等方面手段，切实加强历史城镇、传统村落地区及环境的保护	标志着联合国教科文组织把历史城镇、传统村落保护列入国际宪章，至今已成为国际上保护历史地区（街区）、历史村镇的纲领性文献

---

[1] 国际古迹遗址理事会．关于保护历史小城镇的决议//联合国教科文组织世界遗产中心，等．国际文化遗产保护文件选编．北京：文物出版社，2007：89.

[2] 国际古迹遗址理事会．关于历史地区的保护及其当代作用的建议//联合国教科文组织世界遗产中心，等．国际文化遗产保护文件选编．北京：文物出版社，2007：92.

续表

国际宪章	各个宪章关于历史村镇保护的主要内容、原则及其建议	意义
5.1982年国际古迹遗址理事会发布《关于小聚落再生的特拉斯卡拉宣言》	该宣言明确提出要保护乡村聚落、小城镇的建筑遗产及其环境等不可再生的资源；并提出小城镇、乡村聚落保护要注重地方材料和传统工艺的使用等保护措施[1]	标志着国际社会在20世纪80年代后更加注重历史村镇的保护利用，表明对如何更好地保护乡村聚落、小城镇提出了具体有效的措施方法
6.1987年国际古迹遗址理事会通过《保护历史城镇与城区宪章》，又称《华盛顿宪章》	该宪章明确提出历史城镇（街区）保护的内容范围与措施方法：① 保护历史地段、街道格局和空间形式；② 保护建筑物和绿化、开放空间之间的关系；③ 保护历史建筑内外面貌，包括体量、形式、风格、材料、色彩及装饰，并指出房屋与生活改善是保护的基本目标之一；④ 保护城镇或城区与周围环境的关系，包括自然和人工环境的关系；⑤ 保护历史城镇在历史上的功能作用，特别建议“用法律、行政和财政等多种措施手段来保证规划的实施，并应得到居民的支持和参与”[2]	标志着国际社会已经把历史城镇的保护工作，作为城镇经济和社会的发展政策以及各个城市和地区规划的组成部分
7.1989年联合国教科文组织发布《保护传统文化和民俗的建议》	① 明确指出民俗是构成人类遗产的部分，传统民俗文化最丰富和保存最多的都是在历史村镇。② 强调了民俗是文化遗产和生活文化的主要部分，指出所有国家都面临着来自多种因素的危险，强调政府在保护民俗文化中应扮演决定性的角色，尽快采取行动。③ 要求各成员国应采取法律措施或其它方法加强民俗保护。④ 建议从民俗的定义、鉴定、维护、保存、传播、保护、国际合作等7个方面作出若干规定[3]	标志着联合国教科文组织已开始重视民俗传统等文化遗产保护

[1] 国际古迹遗址理事会.关于小聚落再生的特拉斯卡拉宣言//联合国教科文组织世界遗产中心，等.国际文化遗产保护文件选编.北京：文物出版社，2007：111.

[2] 国际古迹遗址理事会.保护历史城镇与城区宪章//联合国教科文组织世界遗产中心，等.国际文化遗产保护文件选编.北京：文物出版社，2007：128.

[3] 联合国教科文组织.保护传统文化和民俗的建议//联合国教科文组织世界遗产中心，等.国际文化遗产保护文件选编.北京：文物出版社，2007：131.

续表

国际宪章	各个宪章关于历史村镇保护的主要内容、原则及其建议	意义
8.1999年国际古迹遗址理事会通过《关于乡土建筑遗产的宪章》	该宪章提出乡土建筑遗产在人类的情感中占有重要的地位，具体内容为：① 规定对乡土建筑、建筑群和古村落保护，应尊重其文化价值和传统特色。② 强调保护乡土建筑包含必要的变化和不断适应的连续过程；应尊重和维护场所的完整性，维护它与物质景观、文化景观的联系以及建筑与建筑的关系。③ 改造和再利用乡土建筑时，应该尊重建筑的结构、性格和形式的完整性。④ 提出保护必须由跨学科的专家来执行，利用多学科知识来实施；要依靠社区的参与和支持，持续不断地使用和维护。⑤ 政府必须重视保护工作者和传统技能的培训计划；要提高公众特别是年轻一代的乡土建筑意识；建立乡土建筑保护网络❶	标志着国际社会对古村落、乡土建筑保护的重要性、原则和具体的保护措施、方法、要求等方面，已经形成了一套较系统的保护理论
9.2005年国际古迹遗址理事会宣布《西安宣言》	该宣言提出“有必要承认、保护和延续遗产建筑物及其周边环境的有意义的存在”，以减少农业、旅游或大规模天灾人祸对文化遗产的真实性、意义价值、整体性和多样性所构成的威胁；提出通过规划手段和实践来保护、监控、管理文化遗产的周边环境；强调与当地多学科领域和国际社会进行合作，增强保护和管理周边环境的意识；并要求政府、机构、专家、当地管理者共同担起责任，在做决定时，应该充分考虑遗产周边环境有形和无形的层面❷	国际社会将保护城镇文化遗产及其环境的重要性提升到新高度，并提出了解决问题的对策、途径和方法，具有较强的实践指导性

注：引用时有所修改。

（4）20世纪90年代至今

20世纪90年代之后，对于历史小城镇、古村落的保护进一步深入，形成了《关于乡土建筑遗产的宪章》（1999）、《保护非物质文化遗产公约》（2003）、《瓦莱

❶ 联合国教科文组织.关于乡土建筑遗产的宪章//联合国教科文组织世界遗产中心，等.国际文化遗产保护文件选编.北京：文物出版社，2007：173.

❷ 联合国教科文组织.西安宣言//联合国教科文组织世界遗产中心，等.国际文化遗产保护文件选编.北京：文物出版社，2007：374.

塔原则》（2011）等国际宪章，对历史小城镇、古村落的价值、构成、研究方法等有了深入探讨；强调了非物质文化遗产是历史小城镇、古村落中的重要组成部分，能够体现社会、文化的演变过程及其对空间结构的影响。这些非物质文化遗产依存于人们的日常生活，体现在乡土建筑、建筑群和村落的文化价值和传统特色中，因此要保护传统建筑和村落的乡土性，并保护传统活动和原住人口以延续这种乡土特色。这就需要更多相关学科的专家学者参与到历史文化村镇保护工作中。

综上所述，国际上从20世纪30年代开始提出历史小城镇和古村落保护的概念，20世纪60年代明确其主要内容，20世纪80年代广泛开展保护运动，从而为世界各国推动历史村镇的保护、利用提供了经验模式，为中国历史文化名镇名村的保护利用提供有益借鉴。

2.3 历史文化村镇保护预警实践

目前，国内外关于预警的研究主要集中在气候、自然灾害、能源、生态资源、社会发展、粮食、环境保护、军事、经济发展等领域。1994年联合国教科文组织在《保护世界文化和自然遗产公约》中首次提出历史文化遗产的保护监测和预警工作是世界遗产委员必须履行的重要职责之一。《世界遗产公约操作规则》中明确规定，各缔约国应把建立世界遗产监测系统作为基本职责，每6年需要向世界遗产委员会提交本国世界遗产保护的监测报告。世界遗产委员将以此为依据，对各个世界遗产的保护状况进行专业的评估，确保监测和保护工作能有效持续地展开。此后，全球范围内众多缔约国政府积极响应，迅速展开了世界遗产的监测预警工作和濒危遗产的评定工作，采取各项措施，投入大量资金来构建自身现代化高科技的遗产保护监测系统，提升了世界文化遗产的保护管理水平，加强了世界遗产保护的监测和评估工作，并取得了良好的保护预警效果。目前，全球已完成两轮定期报告，第三轮定期报告已于2018年启动。依照本轮报告全球不同地区的填写顺序要求，我国世界文化遗产保护的监测和评估第三轮定期报告于2020年启动编写工作。

2004年，国家文物局启动的“中国世界文化遗产管理动态信息系统和预警系统”研究，标志着我国开始展开系统性世界文化遗产监测、评估和预警工作。2005年，苏州市率先开展了世界遗产保护专项监测，并建立了相应的专门机构，于2006年启动了“古典园林动态信息和监测预警系统”，对苏州9处世界遗产进行全面的监测预警，覆盖古典园林保护的主体和附属两大部分。以此为契机，一些专家学者展开了对苏州古典园林的遗产保护预警研究[132]。2006年，国家文化部出台了《中国世界文化遗产监测巡视管理办法》，开始搭建监测管理和预警框架，明确保护管理机构须完成日常监测报告。2012年，国家文物局在中国文化遗产研究院设立了中国世界文化遗产监测中心，同时提出应建立健全国家、省、遗产地三级监测机构，实现对世界文化遗产动态信息的管理和预警系统的建设。2013年，国家监测中心编制完成《中国世界文化遗产监测预警体系建设规划（2013—2020年）》。2014年，我国世界文化遗产监测预警总平台正式上线运行。2015年，国家文物局要求我国世界文化遗产保护管理机构须每年提交监测年度报告，正式开始执行监测年度报告制度，进一步提升我国世界文化遗产保护监测、预警和管理能力。

截至2018年，我国故宫博物院、苏州古典园林、敦煌莫高窟、杭州西湖、大足石刻、大运河、拉萨布达拉宫历史建筑群、“丝绸之路”交河故城段等30余项世界文化遗产，已初步建立了监测工作机制和监测预警平台，针对历史文化遗产本体及其环境保护状况的基础性监测数据进行规范化收集。通过监测预警平台建设，初步实现了对遗产保存状态等监测数据的获取、数据上报、监测指标管理、预警流程、协同处置等遗产保护监测各功能模块的成功运作，并且对优化游客管理有明显促进作用。

近年来，我国的历史文化遗产监测预警工作已受到国家文物局等有关部门的高度重视，一系列法律法规、部门规章与技术规范相继出台，标志着我国在管理制度和技术规范层面上已经开始初步建立起世界文化遗产监测管理框架。但与国外发达国家的监测和预警水平相比，目前，我国世界文化遗产的动态监测平台尚未完善，保护预警体系建设尚不充分，监测内容针对性不足，监测数据的规范性和数据的分析利用仍需加强。我国历史文化遗产保护在动态监测水平和预警技术手段等方面，尚与国外发达国家存在着较大差距，全国大部分的历史文化村镇也尚未建立保护监测预警系统，使得国家管理部门难以及时全面地掌握历史文化名镇名村的保护现状和发展动态。因此，进一步完善监测工作，加强对监测数据的分析利用，推进监测预警体系建设，构建科学先进、长期有效的历史文化村镇保护预警监测系统，将是一项极为重要的长期任务。我国关于历史文化遗产保护预警的研究，相对于生态环境、经济社会发展、国土资源等领域的预警研究，起步较晚。目前多关注于文物、建筑本体、古树名木等保护对象的预警研究，并且开始利用大数据和空间信息技术对历史文化遗产的保护进行研究，构建预警监测体系，探寻数字化保护模式。然而，历史文化村镇保护预警研究内容、理论和方法尚不成熟，仍处在初步探讨阶段。

历史文化村镇保护研究的相关概念与预警基本理论

3.1 历史文化村镇及相关概念

3.1.1 历史文化村落

“历史文化村落”是指具有一定的历史发展积累和传统文化构筑的乡村传统聚落。它与“传统村落”概念相近，但比后者更强调“历史文化”的内涵。

“历史文化村落”与“历史文化名村”两者有相同之处，也有不同之处。虽然两者都有“历史”“文化”两个关键词，都具有一定的历史发展积累和相应的传统文化构筑，但是，“历史文化村落”还没有上升到国家层级的“历史文化名村”之列，未被列入国家“历史文化名村”名录中。其原因是多方面的，既有历史文化积累不够丰富、传统文化构筑不够完整、保护利用措施不够到位而造成破坏等方面的原因，也有尚未被发现或正在申请列入名录等方面的原因。在我国，与公布的历史文化名村相比，历史文化村落的数量更多，分布更为广泛[99]。

我国许多地区长期处于农业社会，造就了不同地域丰富多样的历史文化村落空间形态和内涵特征。例如，浙江省在《关于加强历史文化村落保护利用的若干意见》中，把历史文化村落分为“古建筑村落”“自然生态村落”和“民俗风情村落”三种主要类型。

3.1.2 历史文化村镇

历史文化村镇的提出是我国独有的，国外一般称为历史小城镇、古村落等[16]。从20世纪70年代开始，国际古迹遗址理事会（ICOMOS）就陆续制定了《关于保护历史小城镇的决议》《关于乡土建筑遗产的宪章》等一系列有关历史小城镇、古村落保护的国际文献，美国、法国、英国和日本等国也展开了众多卓有成效的保护工作。

1982年，我国首部文物保护法的颁布推动了历史文化名城保护制度的建立，国内学者基于平遥、丽江等具体保护实践，对历史文化名城保护进行了系统总结和归纳，确立了城镇保护意义、工作原则、对象界定、空间结构、保护方法、资金筹措、制度建设等内容构成的研究体系[133，134]，为后来历史文化村镇保护搭建了基础理论框架。

1986年《关于请公布第二批国家历史文化名城名单报告的通知》中，我国首次提到要“对一些文物古迹比较集中、完整地体现出某一历史时期的传统风貌和地方民族特色的街区、建筑群、小镇、村寨等也应予以保护”，首次明确了对“小镇、村寨”的保护要求，这标志着我国拉开了历史文化名镇（名村）保护的序幕。虽然把历史文化村镇归到遗产保护的范围里，但这时并没有正式提出“历史文化村镇”这个概念。随后，不少省份陆续开展了历史文化名镇的命名和保护工作，同时，一些名镇（名村）内保存较为完整的传统民居建筑群，也相继被列入全国重点文保单位加以保护[16]。1986年历史文化保护区的设立，促进了包含历史文化村镇等中观尺度文化区域研究的重大发展。通过安徽屯溪历史街区、北京国子监、苏州平江历史街区等的保护实践，国内学者们从历史文化保护区保护的基本原则确定、保护方法建构、实际问题应对、空间设计引入、市场机制影响进行了理论探索，建构了一个较为完整的历史文化保护区理论体系[135]。

进入21世纪以来，随着2000年“皖南古村落”申报世界文化遗产的成功，历史文化村镇保护的重要意义日益凸显[16]。

2002年《中华人民共和国文物保护法》修订，“历史文化保护区”逐渐分化为适用于城市范围的“历史文化街区”和适用于乡村范围的“历史文化村镇”两个法定概念[107]。其中第十四条有明确规定：“保存文物特别丰富并且具有重大历史价值或者革命纪念意义的城镇、街道、村庄，由省、自治区、直辖市人民政府核定公布为历史文化街区、村镇，并报国务院备案。”

2003年国家住房和城乡建设部、国家文物局在联合公布首批“中国历史文化名镇（名村）”时，进一步完善了历史文化名镇（名村）的概念，即“保存文物特别丰富并且具有重大历史价值或者革命纪念意义，能够完整地反映一些历史时期的传统风貌和地方民族特色的镇（名村）”。由此开始，中国历史文化名镇（村）逐渐从历史文化保护区的综合研究中脱离出来，成为一个相对独立的研究范畴[107]。

2008年，国务院颁布的《历史文化名城名镇名村保护条例》明确规定：“具备下列条件的城市、镇、村庄，可以申报历史文化名城、名镇、名村：（一）保存文物特别丰富；（二）历史建筑集中成片；（三）保留着传统格局和历史风貌；（四）历史上曾经作为政治、经济、文化、交通中心或者军事要地，或者发生过重要历史事件，或者其传统产业、历史上建设的重大工程对本地区的发展产生过重要影响，或者能够集中反映本地区建筑的文化特色、民族特色。”这第一次在国家层面提出了名城名镇名村保护法规，为进一步为我国历史文化名城名镇名村的申报评审、保护对象内容范围及其规划编制等奠定了法制基础，历史文化村镇的保护进一步加强，历史文化名镇名村保护开始进入全面法制化和专业化的轨道[131]。

2013年，住建部颁布了《历史文化名城名镇名村保护规划编制要求（试行）》，规定了保护规划的具体技术内容，明确提出要“采用新技术、新方法”，显著提高了保护规划的科学性。

从发展过程来看，历史文化村镇保护概念、原则、技术和方法等理论探索始终与阶段经济社会发展情势需求相呼应，基本符合循序渐进的认知规律[107]。

截至2018年底，我国住建部、国家文物局已先后公布了7批国家级“中国历史文化名镇名村”。其中：2003年公布第一批22个，2005年公布第二批58个，2007年公布第三批77个，2008年公布第四批94个，2010年公布第五批99个，2014年公布第六批178个，2018年公布第七批271个。现全国共有799个中国历史文化名镇名村，其中中国历史文化名镇312个，中国历史文化名村487个。近10多年来，各省、自治区、直辖市人民政府也相继公布了各自的“省级历史文化名镇名村”。

3.1.3 古村落

所谓古村落，是指民国以前建村，保留了较好的历史沿革，即建筑环境、建筑风貌、村落选址未有大的变动，保存着丰富的物质与非物质文化遗产，具有独特民俗民风，虽经历久远年代，人们仍聚族而居的村落。作为完整的生活单元，它们受历史发展中偶然兴衰因素的影响，至今空间结构保存完整，留有众多传统建筑遗迹，并且包含了丰富的传统生活方式，成为新型的活文物。所以，古村落是历史遗存，却不是遗址[136]。

3.1.4 传统村落

中国传统村落是传统文化的主要产生地和传承地，具有很高的历史价值、文化价值。传统村落，原名古村落（2012年9月，经传统村落保护和发展专家委员会第一次会议决定，将习惯称谓“古村落”改为“传统村落”，以突出其文明价值及传承的意义），指村落形成较早，拥有较丰富的文化和自然资源，具有一定历史、文化、科学、艺术、经济、社会价值，应予以保护的村落。

对传统村落的界定，不同研究领域的不同专家观点不同。史学专家认为，传统村落是产生时间较早、目前仍然存在、拥有较高的科学价值和历史价值，并应当予以保护或已经受到保护的古代建筑群落[57]。文物专家则认为，传统村落应该是承载了大量历史信息，文化生态源头清晰和完备，物质和非物质文化遗产相对丰富，地域特征显著的居民点[137]。

传统村落社会性、历史性和科学性价值丰厚，是研究地域演变的良好场所。虽然就传统村落内涵并未形成一致的说法，但已存在一定的共识，即普遍赞成传统村落是活化的文化遗产，可以完整呈现某一历史时期某一特定地域单元的生产生活方式、社会文化水平、民族特色。

2012年4月，住建部、文化部、国家文物局、财政部联合启动了中国传统村落的摸底调查。由各地政府组织专家经过半年多的普查调研，基本摸清了传统村落现状。全国31省市共登记上报具有传统性质的村落11567个，其中推荐5121个村落申请列入中国传统村落名录。同年9月，住建部、文化部、国家文物局、财政部联合成立了以冯骥才为主任委员，由建筑学、民俗学、规划学、艺术学、遗产学、人类学等学科专家组成的专家委员会，制定了中国传统村落评价认定指标。12月，住建部、文化部、财政部联合发布《关于加强传统村落保护发展工作的指导意见》，并经专家委员会评审认定，公布了“第一批中国传统村落名录”，全国28个省共646个传统村落入选该名单。这项工作得到了党中央、国务院领导的高度重视，有关工作要求被写入2013年中央1号文件，并在社会各界引发强烈反响。2019年6月，第五批2666个村落列入“中国传统村落”名录。目前，住建部、文化部、财政部已联合进行建立中国传统村落档案、编制中国传统村落保护发展规划和探索开展保护性修复试点等基础工作，进一步加大传统村落的保护力度。

《传统村落评价认定指标体系（试行）》规定，中国传统村落的申报与认定标准应具备以下三方面条件，即① 村落传统建筑评价指标体系：要求现存建筑有一定的久远度，文物保护单位的等级达到标准，传统建筑的占地规模、现存传统建筑（群）和周边环境保存有一定的完整性，建筑的造型、结构、材料及装饰有一定的美学价值，并有对传统技艺的传承；② 村落选址和格局评价指标体系：要求传统村落在选址、规划等方面，代表了所在地域、民族及特定历史时期的典型特征，具有一定的科学、文化、历史以及考古价值，并与周边的自然环境相协调；③ 非物质文化遗产评价指标体系：要求承载了一定的非物质文化遗产，包括非物质文化遗产级别、种类，至今连续传承时间、传承活动规模，是否有明确代表性传承人，传承情况，相关的仪式、传承人、材料、工艺以及其它实践活动等与村落及其周边环境的依存程度。

传统村落与历史文化名村的区别在于：传统村落应是承载历史文化传统的较

大聚落或多个聚落群体形成的自然村落、村庄区域等；传统村落既包括已申报为国家、省、市级的历史文化名村，也包括有历史文化价值但尚未申报为名村的古村落，还包括具有优美自然景观、生态环境的自然村落。需要明确的是，历史文化名村是优秀的传统村落，中国历史文化名村就是中国传统村落的精华和佼佼者。但传统村落不一定是历史文化名村，传统村落包括大量的历史村落和自然生态村落。历史文化名村只是中国数量庞大的自然村落中的极小一部分；一般村落中仍然或多或少地保留着一定的传统特色和历史文化，它们一起构成了中华民族数千年的古老文化的完整载体，在体现村落传统方面两者缺一不可；广大的一般村落是传统文化的基质，而优秀的历史文化名村是其中的精髓。如果对传统文化的保护只体现在保护历史文化名村上，那么失去了传统文化基质的历史文化名村就变成了供人欣赏的花瓶、盆景[131]。中国历史文化名村是基于《历史文化名城名镇名村保护条例》的法定概念，适用于立法保护，而中国传统村落，尚未纳入法制轨道。

3.1.5 文化空间

文化空间（Cultural Space）这个词最早来源于人类学研究，1998年联合国教科文组织在《人类口头和非物质文化遗产代表作申报指南》中将“文化空间”划分为口头和非物质文化遗产两大类型，并将其定义为“具有特殊价值的非物质文化遗产的集中表现，它是一个集中举行流行和传统文化活动的场所”。❶文化空间是时间或空间维度上各种文化活动发生的载体，是传统文化活动和传统文化表现形式的相关空间场所，具有物质和非物质双重属性，可以体现传统文化的多样性、空间的独特性和时间的特定性[138]。

向云驹（2008），顾军、苑利（2009）等学者都提出文化空间的保护应当坚持完整性、真实性、生态性和生活性原则，强调物质文化遗产保护、非物质文化遗产保护和自然遗产保护相结合[139，140]。

历史文化村镇的文化空间具有深刻的社会、历史和文化价值和意义，其保护不仅关乎传统民俗等文化表现形式，还应该包括历史建筑等物质空间要素、场所的保护、自然环境的保护。

---

❶ 邹启山. 联合国教科文组织人类口头和非物质遗产代表作申报指南[S]. 北京：文化艺术出版社，2005：2.

3.2 历史文化村镇保护的对象与内容

从国外遗产保护的发展来看，保护的对象内容已由最初的文物古迹、单体建筑发展到历史街区、历史城镇，最后扩展到城镇周围环境的保护，而且非物质遗产的保护也日益得到国际社会的重视[134]。以世界遗产为例，联合国教科文组织近年在申报文化和自然遗产的基础上，又增设了世界“人类口头和非物质文化遗产”。

从我国历史文化村镇保护实践的历程来看，历史文化村镇保护的对象内容，从最早只保护文物保护单位，发展到保护文物古迹遗址；从保护“历史文化名城”发展到保护“历史文化名镇名村”，再发展到保护“中国传统村落”；从单纯保护“文物”发展到保护“物质文化遗产”，再发展到保护“非物质文化遗产”；从分开保护“文化遗产”“自然遗产”，到目前已开始重视“文化遗产”与“自然遗产”的结合性保护。上述可见，我国历史文化村镇保护的认识与实践，也是一个逐步提高认识和拓展保护对象的过程[131]。

但是目前在历史文化村镇保护中，仍比较重视对物质文化遗产的保护与利用，而对非物质文化遗产的保护与传承相对较弱。一些历史文化村镇内，传统的民俗文化、自然的乡村环境在逐渐衰退破败的同时，现代商业气息和都市氛围过于浓重，与历史环境格格不入。因此，要在建筑遗产保护的基础上，进一步重视对非物质文化遗产的保护，还应对物质与非物质文化遗产相关联的历史、人文、自然环境的保护提高重视[16]。

3.2.1 物质文化遗产保护

物质文化遗产主要包括文化遗产和自然遗产两部分内容。联合国教科文组织1972年通过的《保护世界文化和自然遗产公约》中规定，文化遗产包括从历史、艺术或科学角度看，具有有突出的普遍价值的文物、建筑群、遗址；自然遗产包括从审美或科学角度看，具有突出的普遍价值的自然面貌、动植物生境区、天然名胜或自然区域。具体到历史文化村镇中，物质文化保护有以下几个方面。

（1）文物古迹

文物古迹是人类历史上创造并遗留至今，记载历史文化信息的实物遗存，具有极高的历史、文化、科学价值和考古意义。文物古迹类别众多，包括古建筑、古园林、石窟石刻、古迹遗址、古代墓葬、名人故居和近现代有纪念意义的建筑物，还包括古树、古桥、古道等。我国历史悠久，文物古迹众多，其中有很多都分布在历史村镇，另外还有1300多项国家级“非遗”和7000多项省、市、县级“非遗”，绝大多数都在历史村镇里。文物古迹是历史文化村镇中保护级别最高的保护对象[131]。

我国文物保护数量与文明古国的地位不够相称，与世界上遗产保护先进国家相比存在差距。如英国国土面积仅为我国的1/73，但英格兰馆藏品700万件，登录建筑有50万处[131]。我国文物保护数量不多的主要原因在于我们的文化遗产保护体系不健全，也与2002年以前一直未能将大量的历史文化村镇纳入文化遗产保护范围有直接关系。最典型就是安徽的西递和宏村，这两处独具特色的皖南古村落在2000年列入世界文化遗产时，竟然还不是全国重点文物保护单位。又如周庄、乌镇等江南水乡古镇在江浙沪地区曾经有400多个，而目前较好保存江南水乡古镇格局风貌的只有10多个，主要也是过去对历史文化村镇保护不够重视所致。由此可见，我国历史文化村镇文物古迹的登录保护工作还有巨大潜力[16]。

（2）历史建筑与乡土建筑

历史建筑与乡土建筑是文化遗产保护的重要组成部分。它是“记住乡愁”，启发爱国热情和民族自尊的实物见证和精神源泉；也是研究历史、文化、科技、建筑、艺术的实物证据和现实借鉴；又是当代人文化休闲生活的理想场所和发展旅游经济的不竭源泉[131]。

早在1999年，国际古迹遗址理事会《关于乡土建筑遗产的宪章》中就明确指出：“乡土建筑遗产在人类的情感和自豪中占有重要的地位。它已经被公认为是有特征的和有魅力的社会产物。”该宪章规定了乡土建筑遗产的保护原则和保护方针，还明确了保护乡土建筑在历史村镇中的重要地位。2008年，我国《历史文化名城名镇名村保护条例》强调了加强历史建筑保护的重要性，规定了历史建筑的定义范围和保护要求。

历史建筑和传统的乡土建筑是体现不同地域的传统建筑风格形式、传统社会生活以及历史文化的重要标志，是体现历史文化村镇特征的关键要素，包含丰富的历史、文化、科学、艺术和情感价值，也具有发展旅游和文化创意的商业价值。然而我国村镇大量体现地方特色、社会生活、历史文化和建筑技艺的乡土建筑，至今尚未引起人们的足够关注，未得到妥善保护。为此，在乡村振兴和新型城镇化过程中应高度重视历史文化村镇的历史建筑与乡土建筑保护。

保护历史建筑和乡土传统建筑，既要保护好在特定区域内能反映某一历史时期历史村镇风貌特色的传统建筑群和构筑物，如祠堂、大院、寺庙、书院等重要民居和古井、古道、桥梁及其碑刻等，也要保护好历史建筑的历史环境要素，如反映村镇历史风貌，构成村镇历史文化要素的街巷交叉口、古树名木、石阶铺地、风水要素以及历史上建造的用于生产、消防、防盗的特殊设施。同时，还要保护好历史建筑的空间环境和文态环境，注意其与周围自然生态环境的协调。

我国历史悠久、民族众多、地域辽阔，不同地域间的气候地形、历史文化、生活习俗、行为特征有着巨大差异，形成了具有丰厚历史文化底蕴和独特地域特色的历史建筑和乡土建筑。华北典型的合院式民居符合封建家庭体现内外有别、尊卑次序的礼法要求，给人以崇敬、次序的精神感受。江南水乡古镇的民居，为适应南方湿热天气避雨防晒的需要，往往将北方正厢房连成一体，将宽大的庭院缩小成天井。安徽西递和宏村的徽派古民居，院墙高大，外墙墙头覆盖青瓦呈曲线或者折线变化，形成异常丰富、活泼的天际线。西南地区由于多民族聚居，显著体现了建筑文化的多样性。西南山地民居因坡就势，利用山地坡度或分层建筑使屋顶逐层升高，如布依族的“半边楼”；苗族的吊脚楼或悬挑或吊脚，下面存物，上面住人；白族流行“三坊一照壁”的三合院名居。广东开平的碉楼建筑以及福建土楼体现了客家人过去防御自卫以及互助的需求。这些特色鲜明、丰富多样的历史建筑和乡土建筑，正好弥补当今建筑风格形式和建筑技术单一的缺憾。目前，我国不同地域历史文化村镇的历史建筑和乡土建筑正以其独特的建筑风格和文化风情，吸引着无数游客。

（3）街巷空间

街巷空间是历史文化村镇的主要公共空间，它构成一个多功能的空间活动网络，容纳了人们的居住生活、商业交往和游憩观赏等多种活动，是反映历史风貌的主要廊道。街巷空间应包括街、巷、弄、河，以及作为街道空间的延伸和扩大的广场空间等。街巷空间所包含的建筑信息丰富，包括街巷空间尺度、立面、铺地、小桥、河埠等。街巷空间的层次变化，从街道到巷、弄，是从开敞到封闭的转化，从公众空间到私人空间的转化[44]。由于街巷两侧建筑立面在细部处理、建筑材料和色彩的运用上富于变化，使街巷空间变得很有韵味。在不同的视觉空间，布置不同的建筑，构成不同的画面[40]。这些街巷空间的传统肌理、景观风貌和空间格局，是历史文化村镇经济社会发展与历史、文化、自然的物质化表现。

保护街巷空间是保护历史文化村镇的主要内容。要注意保护历史街区坊巷的平面布局、道路骨架等空间格局特点，保护街巷空间的传统风貌和文化特色，保护历史建筑物、构筑物的空间环境及其历史环境要素，保护历史街区坊巷的公共生活空间、人文及自然生态景观，保持一定比例的原住民，延续其生活习俗及其所承载的历史信息和文化记忆，保持历史文化村镇的真实性、完整性和延续性。如江南水乡乌镇的街巷格局、历史风貌和公共空间保存较为完整，双棋盘式河街平行的街巷格局以河为街、桥街相连，乌瓦白墙保存完好的明清建筑群，生动地展现出“小桥、流水、人家”的江南水乡古镇风韵。

（4）村落形态

村落形态指街巷、民居、水系等物质要素的格局、肌理和风格，它能体现出村落规划的理念和历史布局的延续性，反映传统村落的历史变迁和文化记忆，更印刻着一定历史条件下村民的心理行为、民风习俗以及人与自然的互动融合的痕迹[44]。在我国南方，传统村落的选址和古民居的建造，不仅普遍采取“散、聚相结合的村落模式”，而且千百年来一直保持着传统村落的格局风貌和自然环境，反映出世代村民对村落形态的理解和对历史的尊重，更体现了千百年来村民与自然环境的和谐共处。

山区、林区和平原地区等不同地域的村落形态特色鲜明，街巷格局、村落肌理、整体风貌体现当地的传统生产和生活方式。保护村落的形态，需要关注村落主要的空间序列、景观轴线、景观视廊等格局特色，了解街巷河道与村民生产生活利用的关系，村民对主要公共空间的使用方式，以及村落内外主要公共空间的体系构成和景观要素等，还要注意村落格局和整体风貌的影响因素。

中国传统村落所具有的那种自然、优雅、舒适和人与人那种亲和、善良、温润，充分体现出以人为本理念和人性特点，给今天的城镇化发展建设和自然人文环境的利用极大的启迪和深远的意义。因此，要重点保护好传统村落的格局风貌、街巷肌理、山水河道、空间布局、规划理念、建筑特色、人文景观、自然形胜、社会形态等[131]。

（5）田园环境

千百年来，人们的各种活动影响、改变和创造了历史文化村镇的自然生态环境。特别是在工业化、现代化、城镇化建设快速发展的今天，人类严重影响和改变了历史文化村镇的自然生态环境，与此同时，自然生态环境又影响制约了今天人们的生产、生活。而保护好历史文化村镇的自然景观和生态环境，对于保护历史文化村镇的自然遗产，促进子孙后代的生存发展，具有十分重要的现实价值和历史意义[131]。

田园环境是以农田、果园、绿色植被及山水自然风光为内容的自然环境，也是历史文化村镇所根植的背景环境。这种背景环境和历史文化村镇形成“图-底”关系，对历史文化村镇氛围、特色的形成起到了十分重要的作用。1898年，霍华德提出了田园城市理论，主张建设把城市生活的优点同乡村的美好环境和谐地结合起来的田园城市，明确提出疏散城市人口，使居民返回乡村，享受良好的自然环境，解决城市交通拥堵、环境恶化等城市病问题。这种田园城市理论，不仅对世界各国城市建设与发展产生了重大影响，而且至今仍有非常重要的现实价值。

久居城市的人在城市空间和快节奏的生活中，会越来越感到麻木和疲惫，如能到田园中体验历史文化村镇独特的文化韵味与自然风景，其身心都会得到放松和愉悦。而我国具有众多历史悠久、丰富多彩的历史文化村镇，保存着大量的乡土建筑群，并与田园山水、古树名木、山岭、河流小溪等自然风光相交融，为世人保留了人与建筑、人与自然、人与风景等融合的天然之美，更为今天的城市人提供了欣赏乡土文化、享受大自然、释放压力、怡养心情的美丽村镇。因此，应切实保护好与历史文化村镇相互依存的山形水势、田园风光、古树名木、生态景观、自然形胜等自然遗产，包括保护历史文化村镇周边的农田林地、山地梯田、茶山草地、池塘湖泊、鱼塘莲塘、海洋滩林等自然人文景观资源[131]。

3.2.2 非物质文化遗产保护

联合国教科文组织2003年公布的《保护非物质文化遗产公约》中，将非物质文化遗产定义为“被各社区、群体，有时是个人，视为其文化遗产组成部分的各种社会实践、观念表述、表现形式、知识和技能以及相关的工具、实物、手工艺品和文化场所”❶。规定非物质文化遗产包括的内容有：① 口头传说和表现形式，

❶ 联合国教科文组织. 保护非物质文化遗产公约 [BE/OL]. 2003-12-08[2019-05-20]. http://www.crihap.cn/2014-07/02/content_17638153.htm.

包括作为非物质文化遗产媒介的语言；② 表演艺术；③ 社会实践、仪式、节庆活动；④ 有关自然界和宇宙的知识和实践；⑤ 传统手工艺。

非物质文化遗产是历史村镇“活着的文化灵魂”，也是解读历史村镇的“价值钥匙”。而历史村镇既是非物质文化遗产赖以生存的物质载体，又是非物质文化遗产传承与发展的最理想场所。因此，历史村镇必须进行整体性保护利用，不仅要保护利用好文物古迹、历史建筑等物质文化遗产及其自然生态环境，而且要抢救保护数量巨大且丰富多彩的非物质文化遗产，尤其要采取全方位、多层次的活态保护传承方式，反映和保存历史村镇文化遗产的多样性和丰富性。保护的主要内容和具体对象如下。

（1）村镇传统文化

保护地方民间民俗传统文化，就是保护中华民族文化的多样性。我国历史村镇不仅保存着巨量的民间文学、音乐舞蹈、绘画雕刻、曲艺杂技、名人诗文等地方特色文化；而且传承着大量的生产习俗、商贸传统、消费习俗、人生礼俗、民间信仰、岁时节令等非物质文化。同时，这些非物质文化遗产又和文物古迹、历史建筑、传统民居等物质文化遗产以及自然环境相互依存、相互衬托，体现出历史村镇的丰富多样性、丰厚文化积淀和特色价值。如江南水乡同里古镇河上有吉利、太平、长庆三座古桥，千百年来古镇居民每逢婚娶祝寿都要“走三桥”，古镇居民把“走三桥”作为“消灾消难、吉祥幸福”的民间风俗传承至今。可见作为物质文化遗产的三座古桥与作为民间风俗“走三桥”的非物质文化遗产相互结合在一起，共同反映和体现出江南水乡古镇文化遗产的特色价值和丰富多样性[131]。再如江苏省甪直古镇南部有一家老字号店铺——万盛米行，著名文学教育家叶圣陶先生在甪直执教时，曾以万盛米行为背景，创作了名作《多收了三五斗》，再现了民国时期米市文化的场景，万盛米行也随之名扬海内外。这种实例在我国的历史村镇中不胜枚举。

（2）本地原住民

本地原住民是历史文化村镇的文脉和非物质文化遗产的灵魂。但目前很多历史文化村镇内的原住民老龄化和外迁现象严重。与此同时，很多外来民众涌入历史文化村镇进行旅游观光，部分外来人口在此经商或者投资开展经营活动。历史文化村镇出现本地原住民减少、外来人口增多，本地传统文化衰退、外来文化入侵的现象，不利于历史文化特色的保护[16]。人口的置换势必带来文化的变迁，没有文化和历史底蕴的历史文化村镇将变为躯壳一具。历史文化村镇的灵魂，不在小桥流水，而在乡土人家，并存在于本地的民俗文化中[141]。

（3）邻里关系

和谐的邻里关系作为原住民之间维系感情的纽带和文化传承的桥梁，能为维护我国传统文化的多样性、促进社会的和谐发展发挥积极作用，还能唤起原住民之间的亲切感，增强原住民的文化自信和对家乡的眷恋，在一定程度上可以缓解原住民的大量外迁，避免历史村镇的过度衰退，对长期保持历史村镇文化传统具有极为重要的作用[131]。同时，邻里关系还需要一定的场所和公共空间来维系和加深[16]。历史文化村镇的民居院落、村口、街巷、广场、河岸等，都是历史文化村镇原住民习惯的交往场所，能够唤起人们的归属感。

（4）传统手工艺技能及其传承人

传统手工艺是传统民俗文化的组成部分，是非物质文化遗产保护的重要内容。我国传统手工艺技能大都在历史文化村镇的土壤上产生，并历经千百年的手工形式传承发展至今，是一个丰富而庞大的非物质文化遗产宝库，具有独特的地域风格和特色差异。它的继承和传播将有助于我国优秀传统文化的保护和传承[16]。不同地区的历史村镇内，都有着各具地方特色的传统手工艺技能及其传承人。近年来由于各种原因，许多历史村镇民俗风情逐渐销声匿迹，不少传统手工艺技能无人承传，行将断绝，代之以千篇一律的城市风俗，进一步影响了历史文化村镇地方特色民俗文化的保护和传承[131]。

（5）历史文化村镇原住民行为文化

历史文化村镇原住民行为文化展现着历史文化村镇的独特魅力，是原住民千百年来在生活、生产中创造并沿袭至今，仍富有价值的文明行为以及人类社会发展的经验及创造性活动[131]。它介于物质文化、精神文化和制度文化之间。原住民行为文化是历史文化村镇活着的文化，主要是原住民以语言表达、风俗习惯、礼仪服饰、行为动作等形态展现的行为模式，也是历史文化村镇原住民文化特性的直接显示和外在形态，可称之为历史文化村镇行为景观[16]。不同历史文化村镇的行为文化，是在不同地域、不同民族或不同时代逐渐形成的，表现出不同历史文化村镇的行为景观，也是文化多样性的重要体现。

我国每一个历史文化村镇的行为文化，都是历经千百年的积淀保留至今，并在原住民身上表现出社会心理、思维方式、消费习俗、人生礼俗、岁时节令和信仰习惯等外在活动形态，这就是每个历史文化村镇不可或缺的特色行为景观。如西藏、新疆、云南、贵州、海南等民族文化村镇，都具有鲜明独特、丰富多彩的行为景观；又如江南水乡古镇，世代原住民依水而居，以舟代车、摇船游弋的特征，给人们留下“小桥、流水、人家”的深刻印记和原住民的“优雅、清新、婉约”的行为文化[131]。

（6）历史村镇的个性特色

历史文化村镇的文化个性、多样性，是历史文化村镇的魅力所在，是我国历史文化村镇发展和文化传承的内在动力。保护历史文化村镇的个性特色，就是保护历史文化村镇文化遗产的文化多样性。我国历史村镇一般都有与众不同的历史文化、民风情、景观环境和建筑风貌等。按特性一般分为：历史街区型（如乌镇、周庄、西塘等国家历史文化名镇）、建筑遗产型（乌镇、南浔、周庄、西递、宏村、诸葛村、流坑村等）、民族村落型（如福建田螺坑村、贵州侗寨等）、商贸交通型（乌镇、爨底下村、鸡鸣驿村等）、传统文化型（西递、宏村、张谷英村等）、革命历史型（古田镇、靖港古镇等）、环境景观型（乌镇、诸葛村、新叶村、俞源村等）。对于不同文化特性的历史文化村镇，应采取不同的保护方法，并侧重保持历史文化村镇的鲜明个性特色。如有的村镇的历史建筑保存数量不多，但民间民俗文化等非物质文化遗产相当丰富，价值很大，就应侧重保护其非物质文化遗产，加大传承力度。如江、浙、沪的历史村镇，就应重点保护江南水乡文化和商贸交通型的特性；安徽的历史村镇就应围绕徽派建筑文化的共性加以重点保护；而福建历史村镇既要重点保护土楼建筑文化、客家文化的共性，又要重点保护古田等革命历史型村镇[131]。

近年来，在城镇化进程中历史文化村镇不断遭受“旅游开发性破坏”，甚至有的历史文化名镇正在蜕变为新建的仿古镇，割断了原住民的文脉和灵魂。在新型城镇化过程中，要加大历史文化村镇非物质文化遗产的保护力度，尤其要充分挖掘、传承、发展传统手工艺技能，采取各种政策鼓励和支持传承人传授手工艺技能和培训接班人。同时，要充分发挥传统手工艺所蕴含的产业价值、就业价值、市场价值和文化价值，并加以整体性保护、活态保护和生产性保护。即便是在当前生活中很少使用或无法继续沿用的民俗传统手工艺，也应采取适当方法加以保存和展示，这对于保护和传承历史文化村镇的非物质文化遗产，弘扬和发展民俗与传统特色文化，实现历史文化村镇保护与发展的“双赢”，都具有重要的历史意义和现实价值[131]。

3.3 历史文化村镇保护预警基本理论

3.3.1 预警的概念

人类最初的预警是为了应对自然界的变化，试图找出其变化规律以趋吉避凶。不论是西方古代的占星术、占梦术，还是中国古代的看相、八卦等，都是从不同表象入手，以自然和人类本身为研究对象的预测。《辞海》中“预”的解释是：预先、事先；“警”的解释是：戒备，告诫。“预警”即预先告诫、戒备，希望能够在事情发生之前给出警示。因此，预警的定义，就是在灾害或灾难危险发生前的及时提示和紧急预告，以避免在准备不足或不知情的状况下造成更大的危害，最大限度地降低危险带来的损失或减少不必要的损失。

随着科学的进步，近代人已经开始利用雷达系统等高科技手段进行预警，并形成了对危险作出事先预报和控制的信息反馈机制。现代预警通过总结事物发展的规律和变化特征，分析事物的现有状态及特定信息，从而判断事物发展的变化趋势，当超过安全范围时，结合预警系统设置的预警方式和信号，对预警主体提出警示，使其能够快速做出应对[103]。

预警和预测具有相似性，又有差异和必然的关联，都可以利用历史数据和现实状况去推测未来[104]。预警和监测、预测等注重的都是现状的变化过程，评价的尺度则可以根据掌握的数据情况对过去、现状或者未来进行不同时间节点和尺度的状态衡量。监测可以为预警提供科学依据，以实现更精确的预警，预警是监测的拓展，预测是监测的延续。对评价、预测、预警和监测的比较分析如表3-1所示[103]。

表3-1 评价、预测、预警和监测的比较

差异	评价	预测	预警	监测
研究对象	人类已知的某种现象、结果、环境等	人类已知或未知的现象、环境中发展变化的因素或事物	人类已知或未知的现象、环境中发展变化的复杂关联的有机系统	人类已知的某种现象、结果、环境等
研究重点	研究对象某个时间点（过去、现在、未来）的状态衡量	反映研究对象的演化趋势，强调预见性，体现“先知先觉”	在分析的基础上反映研究对象演化的趋势、速度、后果。强调在预见性的基础上，采取措施的超前性，体现“早预防，早治疗”	对研究对象发展演化过程中各种情况下所产生的信息数据的观测、收集。关注如何改进方法和手段以获取更详细和精确的状态数据

续表

差异	评价	预测	预警	监测
研究结论	对状态的静态衡量结论，可以是定量或者定性的	对未来发展的动态预测结论，是对发展态势的估计和判断，可以是定量或者定性的，一般不作出情况优劣判定，可不给出对策措施	包括动态多维结论，如演化方向、速度、状态、质变等。反映系统运行好坏的整体态势，要做出事物发展良好或者危险程度的判定，需要给出具体应对措施	动态多维结论，包括演化方向、速度、状态、质变等
时间尺度	过去（回顾评价）、现在（现状评价）、未来（影响评价）	未来	重点在未来，关注不同时段的动态变化	对现在正在发展的状态
相互关系	现状评价是影响评价的基础	影响评价和监测是预测的基础，预测是预警的前提和基础	预警是对预测结果的判定和应对，属于更高级别的预测	监测可以为预警提供科学依据，以实现更精确的预警，预警是监测的拓展，预测是监测的延续
研究程度	理论和应用均较成熟，方法不断更新	理论和应用较成熟，某些领域准确性不高	理论和应用尚在发展中，在某些领域准确性不高	理论和应用较成熟，技术不断发展

注：引用时有所改动。

3.3.2 预警的特征

（1）整体性与复杂性

预警是一个具有复杂关联的整体系统，系统内各元素相互关联、相互作用，并构成具有一定功能的整体，每个元素的变化都会影响整个系统的发展态势。系统要素的多元性及其相互关联性，决定了预警系统的复杂性。预警重视“早预防早治疗”，通过对事物发展演变现象进行预测，是在强调预见性的基础上制定预防措施。预警的整体性和预见性着眼于对预警对象质量突变的分析，落脚点是对系统恶化过程中的危害趋势进行警示。

（2）动态性与深刻性

预警和普通评价不一样，不只是反映静态的信息，不仅给出预测结果，还要给出对策措施。预警结果既要反映系统运行的动态信息，包括演变趋势、速度和质变点等；又要反映、判定预警系统运行的整体态势，并对恶化程度作出具体对策和应对措施。可见，从预测到预警的实现，必须对事物现状的演化发展趋势进行大量分析评价，才能作出动态预测和开展预警工作。因此，预警要在深刻分析、评价和预测的基础上，使预警研究的目的性、针对性更加准确及时，从而使监督、警示和管理发挥更有效的作用[103，131]。

3.3.3 预警的分类

按照不同的分类标准和需求，预警可以有不同的分类，具体见表3-2。[16，142，143]

表3-2 预警的分类

按性质类型分	经济类预警、社会类预警、政治类预警、文化类预警、军事类预警、生态类预警、环境类预警、气象类预警、粮食类预警、企业预警、灾害预警、能源预警等
从时间尺度分	短期预警、中期预警、长期预警
从空间尺度分	寰观预警、宏观预警、中观预警、微观预警
按评价体系分	大系统预警、子系统预警和因子预警
按预警方式分	指标预警、统计预警、模型预警、模拟预警等

注：引用时有所改动。

3.3.4 预警的方法

在预警的不同阶段或当针对不同的预警对象时，需要使用不同的方法，现代预警科学经历了数百年的发展，应用的范围愈来愈广，诞生的方法也愈来愈多。

依据预警机制的不同，可以方法分为黑色预警方法、黄色预警方法、红色预警方法、绿色预警方法、白色预警方法5种[144]。其中黄色预警又被称为灰色分析，根据警情预报的警度，由因到果逐渐预警，是目前最常用的预警方法，具体操作时，可以通过指数预警、统计预警和模型预警进行。

依据在进行预警时采取的手段不同，可以分为指数预警、统计预警和模型预警[145]。

还有针对房地产、财务、经济、金融、企业生产等不同行业生命周期波动特点的周期预警；以及基于行业专家在长期工作中积累的大量知识与经验做出的判断来进行的专家预警，拥有很强的可操作性，但主观性较强。

综合国内外预警研究的方法，可以对不同的预警方法做出如下比较（表3-3）。[104]

表3-3 预警主要方法比较

预警方法			优点	缺点
指数预警	警情分析法		方法简单，容易操作	易受主观因素影响
	景气指数法	扩散指数	能够比较有效地预报安全状况转折点	不能明确表示安全状况
		合成指数	能够反映总体循环波动程度	权重的确定容易影响准确性
	景气警告法		比较形象直观	数据获取困难
周期预警	自回归移动方法		所需变量少，不对变量再进行预测，提高了预测的准确性；方法简单，有比较成熟的软件包可供使用	对数据的经济意义缺乏重视
	历史经验法		适用于确定周期变动的方向	缺乏较强的理论依据
	因素分解法		能大体判断能源安全有关警情指标的趋势	不能测算警情变动强度
	频谱分析法		有助于研究不同经济周期的特殊形态，避免计算分析过程中的主观性，不损失样本点	测算GDP拟合度高，测算安全结果不理想
专家预警	专家会议法		有利于激发灵感，平等发表自己的意见	易受经验和主观判断的影响
	专家评估法（德尔菲法）		不受警兆信息规范程度的限制，可以采纳所有与警情变动有关的警兆信息，逐步修正预警结果；并能将不同专家的意见进行面对面、背对背的沟通，便于把握对象运行总体状态	易受经验和主观判断的影响
	主观概率法		可判断影响安全的政治、军事等因素	易受经验和主观判断的影响
	相互影响分析法		进一步综合发挥德尔菲法、主观概率法、领先指标法的优势	区分各种影响因素比较困难
	情景预警法		有利于发挥人的经验和创造性思维	指标化比较困难

续表

<table>
<tr><th colspan="2">预警方法</th><th colspan="3">优点</th><th>缺点</th></tr>
<tr><td rowspan="8">模型预警</td><td rowspan="3">均衡模型</td><td colspan="2">马歇尔局部均衡</td><td>相对简便易行</td><td>假定条件较多</td></tr>
<tr><td rowspan="2">一般均衡</td><td>计量经济市场模型</td><td>表达简单，适用最广泛</td><td>结构较复杂</td></tr>
<tr><td>二次规划模型</td><td>价格数量同时调节</td><td>一些假设与现实不符</td></tr>
<tr><td>非均衡模型</td><td colspan="3">可以描述单个市场和整个现实经济</td><td>变量多、方程多、数据要求严格，实际应用中需要数据调查、整理和调整</td></tr>
<tr><td>综合方法</td><td colspan="3">可以根据实际情况灵活地选择不同函数方程</td><td>多变量单独预测结果可能存在差异，甚至变动方向相反，受人为因素干扰</td></tr>
<tr><td>系统动力学</td><td colspan="3">多用于处理高阶次、非线性、多重反馈、复杂多变的系统问题；不需要高深的数学知识，不太要求数据的精确和长时间序列，可采用定性与定量相结合的方法分析复杂问题</td><td>各因果变量间影响过于灵敏，变量稳定性较差，预测结果不稳定</td></tr>
<tr><td>灰色系统</td><td colspan="3">提供了解决不确定问题的新思路，对分析影响安全的不确定因素十分重要</td><td>适用数据少且不规律</td></tr>
<tr><td>人工神经网络</td><td colspan="3">模式识别能力、容错能力强，可以克服诸如统计模型等方法的限制，对数据分部要求不严格，随时依据新数据资料自我学习、训练、调整其内部权重参数</td><td>模型较为复杂，求解过程复杂</td></tr>
<tr><td colspan="2">预期调查</td><td colspan="3">信息收集传递快、灵活性强、信息可靠性高，能够对统计资料起到修正作用</td><td>人为因素多</td></tr>
</table>

3.3.5 预警的应用

随着社会的持续发展和科学的不断进步，预警系统已在经济、社会、人口、资源、环境等各个领域和学科延伸拓展，出现了经济预警、政治预警、社会预警、自然灾害预警、企业危机预警等。通常由于某领域可能发生危害其正常运行的事件或现象，因此人们希望在时间或现象发生之前，及时了解掌握有关征兆，并通过分析判断，以确定危机发生的可能程度，并据此向有关部门或社会公众发出警报，以便提前做好准备并加以应对，其主旨都在于防患于未然[103]。

预警理论最早应用于经济领域。早在1875年，英国经济学家W·S·杰文斯便提出了有关经济周期的理论假说，为经济预警奠定理论基础；到20世纪30年代中期，经济预警系统进入第二个发展阶段，并在实际应用中不断修正、发展和完善；到20世纪50年代NBER提出了较为完善的经济预警指标体系，能够比较准确地反映出经济波动的周期；美国商务部在1961年正式启用NBER经济预警系统，在定期发表预警结果的同时还以数据和图表两种形式提供宏观景气动向信号。此外，法国、日本、加拿大和英国等国家也有相同的经济预警系统。随着科技的不断发展，一些地区和国外学者在粮食、银行、财务、企业和环境领域等方面都进行了预警研究[146-148]。

我国预警理论研究是从经济循环波动问题入手的，起始于20世纪60年代，到80年代中后期得到了较快的发展，并提出了预警的概念和开发了经济预警系统。进入90年代后，经济预警的研究得到了进一步的拓展，不仅在宏观经济领域，而且在区域经济领域、微观经济领域及可持续经济方面也得到了广泛应用。此后，预警理论的研究不断涌现出大批成果，大量的专业预警系统的预警成果逐渐拓展到了粮食、水利、地质、气象、灾害、生态、医学、交通、电力、社会、能源等各个方面。

相对于预警理论在其它领域中的迅速发展，针对历史文化遗产保护的预警研究还处于初步探索阶段。由于我国的历史文化遗产全面保护工作起步较晚，而对预警技术的重视是在1994年联合国教科文组织将预警列为世界遗产委员会应履行的职责以后。我国历史遗产保护过去面临着基础较差、底子薄、技术相对落后、缺乏统一的标准、相关技术规范不健全、世界文化遗产管理信息化基础薄弱等问题。同时，历史遗产的基础资料和信息的数字化管理普及程度较低；缺乏专业的保护规划、防灾规划等；监测、预警技术相对落后，数据积累及评估标准相对匮乏。由于科学监控和安全防范系统尚未建立，一些地方的世界文化遗产保护出现了保护意识淡薄，重申报、重开发，轻保护、轻管理的现象；甚至少数地方对世界文化遗产进行超负荷利用和破坏性开发，存在过度的商业化、人工化和城镇化倾向，使世界文化遗产的真实性、完整性受到损害。

2004年2月17日，国务院办公厅下发了《国务院办公厅转发文化部、建设部、文物局、发改委等部门关于加强我国世界文化遗产保护管理工作意见的通知》（国办发〔2004〕18号），要求尽快建立我国世界文化遗产管理动态信息系统和监测预警系统，加强对世界文化遗产保护情况的监测。

随着社会经济的发展、社会文明程度的提高，历史文化遗产和历史文化村镇的保护越来越受重视，保护的相关法律也越来越完善，方法越来越周全并且多样。在国家计划建设实施《中国世界文化遗产管理动态信息系统和预警系统》的同时，国内也有一些专家或学者针对预警技术在历史文化遗产中的应用进行了研究。

刘晖等在佛山历史文化名城保护规划中，对所涉及的文物古迹进行分级预警，针对文物古迹保护建立预警体系，通过公开预警，引起各级政府、非政府组织、企事业单位和广大市民的关注，并采取各种响应措施，消除影响文物古迹生存的不利影响。预警因子包括文物古迹的自身结构、材料、自然力、环境、社会结构、管理体制等，基本涵盖了从微观到宏观的各个方面，但是其采用因子易受主观影响并且仅针对文物古迹保护[149]。

缪春燕进行了历史城区建筑遗产公共安全事件预警研究，运用了基于模糊数变换的DEA数据包络分析，对建筑遗产公共安全进行了评价，具有很强的客观性，但是其针对建筑遗产的预警指标体系的评价因子较为单一，缺乏一定的系统性，评价方法也较为复杂[150]。

赵勇构建了历史文化村镇保护预警系统，并针对历史文化名镇周庄进行保护预警研究，运用层次分析法和时间序列曲线进行了预测，这是目前历史文化村镇领域比较系统和专业的预警研究[16]。

阎会春等人针对古建木结构健康监测系统预警机制进行了研究，探讨了静态随机数据的收集，进行了单一构件预警机制的设计，并未对预警方法进行研究[151]。

冷冷、张淞茜从外部空间格局、构成要素及空间容量等方面来构建预警要素集，利用三角模糊数将网络分析法和模糊综合评价合并为新的综合预警方法，对历史文化村镇保护预警方面做进一步的探索尝试[103，104]。

综合我国目前在历史文化遗产领域的预警研究，可以看出我国历史文化遗产领域预警研究已经取得了一定成果，为预警工作的继续开展打下了良好的基础。同时也应该发现目前对历史文化预警研究的重点还停留在历史建筑等物质空间要素层面，对非物质文化表现要素和社会经济环境要素考虑不足。

本书希望针对目前历史文化村镇保护的现状和特点，借鉴国家相关法律法规，构建历史文化村镇保护预警体系，从而丰富历史文化村镇保护预警指标，完善历史文化村镇保护预警系统，为建设历史文化村镇动态监测和动态预警系统打下基础。

3.3.6 历史文化村镇保护预警系统

历史文化村镇保护预警系统就是运用系统方法对历史文化村镇的现状及保护、利用的态势进行科学的预判，准确预报保护、利用的不正常状态和危险程度，并及时提出防范措施的管理活动。预警系统包括明确警情、寻找警源、分析警兆、预报警度和排除警情。

（1）明确警情是历史文化村镇保护预警的前提条件

警情是历史文化村镇保护过程中保护对象出现的危险状态或不正常的情况，如文物古迹和历史建筑本体、自然环境与传统风貌被破坏，传统民俗和文化消失等情况。警素是为了反映警情发展状况所选取的相关指标要素。历史文化村镇保护预警的前提条件，就是需要明确警情，分析研判表征警情的各种影响因素，通过对警情所表征的要素进行监测，根据对保护对象发展状况的预测结果发出警报，从而为及时制定保护策略提供依据，并采取有效预防性措施以防止和排除警情的出现。

（2）寻找警源是历史文化村镇保护预警工作的起点

警情产生的根源即警源，警源是警情产生的最根源的“火种”。历史文化村镇保护和利用过程中可能出现的警源，一般有外生警源和内生警源两种。外生警源主要是由各种外部条件引发产生的，如旅游开发的过度商业化、游客数量猛增带来的负面影响、外来居住人口的增多、外来文化及思想观念的入侵、自然灾害的发生、周围生态环境的恶化等警素，都会给历史文化村镇带来警源和警情。内生警源主要是指内部自身条件因素和环境的变化带来的警源。如文物古迹和历史建筑的毁坏、传统街巷格局的破坏、内部自然环境的破坏、地方政府保护责任意识和执行力不强、保护管理机制不健全、居民保护意识及地方自豪感差、村镇内部的违章建设、本地居民的逐渐外迁等。具体如表3-4所示[16]。

表3-4 历史文化村镇保护预警的警情与警源

警情	内生警源	外生警源
建筑遗产	① 文物古迹、传统建筑自然损坏	① 文物古迹、传统建筑遭受风雨冰雪的侵蚀
	② 经济过快发展、过度开发、旧城改造的影响	② 文物古迹、传统建筑年度维修的资金不足
	③ 保护意识不强、拆旧建新的误区影响	③ 文物古迹、传统建筑年度维修的比例不足
	④ 大量游客对古迹建筑构筑物的频繁触摸、踩踏	④ 传统建筑改造后与原来形式风格不符

续表

警情	内生警源	外生警源
建筑遗产	⑤ 铁路、公路等交通设施的穿越导致传统街巷格局破坏	⑤ 新建筑建造与原有传统建筑风貌产生冲突
	⑥ 工厂、矿产、房地产的开发建设	⑥ 道路交通等设施破坏传统风貌
民俗文化	① 本地居民的外迁和人口增长率的下降	① 外来务工经商人员的大量涌入
	② 超负荷、过量的游客涌入	② 本地居民生活水平的下降
	③ 外来思想、西方文化的影响	③ 本地居民的老龄化现象
	④ 现代生活方式、交通工具的影响	④ 传统生产工艺、生活方式的改变
	⑤ 传统节日、礼仪观念的淡化	⑤ 外来文化及思想观念的入侵
	⑥ 本地居民对古村镇生活满意度的下降	⑥ 现代文化与科技促使民俗文化发生变化
生态环境	① 过度开发、无序建设导致自然生态环境被破坏	① 地震、洪水、台风、雷电等自然灾害
	② 垃圾、污水未及时有效处理	② 河流污染物的流入等
	③ 周围大区域生态环境的恶化	③ 绿地植被的减少
	④ 游客带来的垃圾、生活污水	④ 工矿业、供热、交通等废气的排放
	⑤ 外来交通工具排放的废气	⑤ 人均耕地面积的减少和土壤的污染

注：引用时有所改动。

历史文化村镇保护、利用过程中的警源多而且复杂，较难根除。由于历史文化村镇的保护、利用、建设是一个复杂的综合系统，时刻处于有危险发生的可能性中（如火灾与自然灾害等），这种可能的危险通常是由内生警源和外生警源共同作用而产生的。因此，要排除警患就必须经常性地寻找警源，排除警素，在确定警源之后，要进行全面系统地分析、研究各个警素与警源之间的替代共生、此消彼长等的变化关系，也就是要分析、研究保护、利用与建设的关系，文化与自然遗产之间的关系，以及各个建筑或建筑内部可能存在的各种警源[131]。

（3）分析警兆是历史文化村镇保护预警的关键环节

警兆是警情爆发前的先兆。由警源的“危险因素”到发生显示警情“危险灾情”是较长时间变化的过程。警情的发生必然会经过一个孕育、潜伏、缓慢发展、速度增扩、扩大、爆发的过程。这个过程通常称之为警情的生命周期。一般在警情爆发前都会产生一定的先兆，通过分析这些先兆便可预测、预防警情。一般在警情爆发前，孕育期、潜伏期的危险指数不高，警兆也不明显；但在潜伏期后，警兆将快速增加，通过发展期的快速发展最终直至爆发期，警情就开始凸显出来，此刻如果不采取及时措施，将会给历史文化村镇带来严重的不必要的损失，爆发期后为休眠期，此时警兆的数量将急剧下降，实际上此时历史文化村镇已遭到灾难性破坏[104]。

（4）预报警度是历史文化村镇保护预警的主要目的

警度是警情与警兆表现出的严重程度，即“危险点”或“危险区”的危险程度或强度。按照时间序列和轻重程度划分，可将历史文化村镇保护的警度分为无警、轻警、中等、重警4个等级。预报警度一般有3种方法：① 通过建立警素的普通模型得到预测结果后，根据警限获取最后的警级。② 建立警度模型得到预测结果后，根据警兆获取警素的警级。③ 通过咨询专家进行系统分析、预测结果，或参考历史经验，可以增加警度预报的准确性和可靠性[103]。

我国历史文化村镇保护预警的难度大而复杂。首先，由于地震、台风、雷电等自然灾害具有突发性大，可控性差，使得保护预警存在较大的偶然性。其次，历史文化村镇保护预警涉及的因素多，相关数据统计获取困难，数据管理不完善，增加了分析评价和预警的难度。再次，由于我国处在现代化、城镇化加速发展以及旅游开发不断升温的特殊时期，历史文化村镇保护大都面临着建设性、开发性、旅游性破坏的险情，且部分地方政府的保护意识薄弱，导致历史文化村镇保护和发展面临的问题众多，增加了保护预警的复杂性。

4 历史文化村镇保护预警指标体系的构建

4.1 历史文化村镇保护预警的基本特征

历史文化村镇保护预警既有同其它预警一样的系统性、层次性、相关性、参照性、灵敏性的共性，又有作为历史文化村镇保护预警的个性特征。

（1）历史文化村镇保护预警的影响因素复杂

历史文化村镇保护预警的保护对象既包括物质文化要素，又包括非物质文化要素，还包括相关的社会经济环境要素，影响因素较多，既会受到自然灾害、气候环境等自然因素的影响，又会受到开发建设、经济发展、价值观念、保护意识等社会经济因素的影响，这些影响因素导致历史文化村镇保护预警具有复杂性。因此，进行历史文化村镇的保护预警，要注意研判影响历史文化村镇保护的众多因素，全面分析各种不同的警素、警情，分别判断各种警情因素的危险警戒点，更好地实现预防性保护。

（2）历史文化村镇保护预警的数据不完善

我国历史文化村镇保护预警的研究起步较晚，在保护制度和技术规范等方面都不是很成熟完善，加上近年来对历史文化村镇旅游开发建设与经济发展较为重视，而对历史村镇保护与研究重视不足，数据统计制度和方法也缺乏系统性、规范性，数字化管理普及程度较低，尚未建立起历史文化村镇保护监测平台，相关保护数据稀少且较难获取。历史文化村镇保护预警的指标复杂多样，包括定量指标和定性指标，定量指标数据统计不足，定性指标确定和度量较难。如传统风貌保护度，聚落与自然环境的和谐程度，传统空间格局的保存度，以及居民对当地历史文化的自豪度等主观指标，在实际操作中往往难以确定，为历史文化村镇保护预警指标数据的获取和评价增加了困难。

（3）历史文化村镇保护预警的功能有限

历史文化村镇保护预警的功能就是在保护发展现状评价的基础上，进行预测分析，发出“警报”。但由于历史文化村镇保护预警兼有社会经济预警和自然预警等特点，预警指标涉及的范围广泛和影响因素复杂多样，预警无法对所有因素实现有效预测、预报，尤其对自然灾害、保护意识、开发行为等影响的预警很难，数据不易度量又难以获取，只能进行有条件的预警。特别是有些地方对历史村镇、传统民居进行拆迁改造的断然决策和突然实施，给保护预警带来极大难度。因此，历史文化村镇保护预警目前处于探索阶段，其功能有限[20]。

4.2 历史文化村镇保护预警的目的

历史文化村镇保护预警的目的主要就是为了客观评价当前的历史村镇保护现状，并预测其未来的保护发展趋势，因此构建历史文化村镇文化预警系统的最终目的，就是要通过预警系统来发现保护、利用过程中的警素、警源，警兆，预报警情、警度，为排警提供加强保护的必要信息，力求使历史文化村镇遗产得到科学化的保护和可持续发展。因此，历史文化村镇保护预警系统的构建，应从数量和质量两方面分析文物古迹、历史建筑的数量质量变化以及传统文化传承发展态势等各种相关因素，预报历史文化村镇的文物古迹、历史建筑数量的增减，以及格局风貌破坏和传统文化传承等面临的危险状况等，为地方政府的建设、文物部门制定保护政策、调整战略等提供准确、及时、有效的信息和依据[20]。

4.3 历史文化村镇保护预警的作用

（1）客观评价历史文化村镇当前的保护现状

选择能体现历史文化村镇价值特色并且反映历史文化村镇保护与发展影响因素的保护预警指标，能客观准确地评价当前历史文化村镇的保护状态，进而对保护发展趋势进行预测或预警。

（2）建立并完善历史文化村镇保护动态监测平台

目前，历史文化村镇保护的相关历史和现状数据统计不足，规范性不够，历史文化村镇保护预警目标的实现，会推动相关数据收集和规范化管理，建立并完善历史文化村镇保护动态监测平台。

（3）科学预测历史文化村镇保护利用的发展趋势

历史文化村镇保护预警系统中某些灵敏性较强的指标可以先行暴露历史文化村镇保护中出现的问题，科学预测发展趋势，通过预警判断及时发出预警信号。

（4）及时调控历史文化村镇保护利用和发展策略

根据预警的结果，对历史文化村镇保护与发展中出现的问题和危险趋势进行及时调控，为保护利用和发展策略的调整提供决策依据。

4.4 历史文化村镇保护预警体系的构建原则

（1）真实准确与反应灵敏相结合原则

历史文化村镇保护预警指标的选择，要真实反映历史文化村镇保护的基本现状和发展趋势，准确监测和反映保护实施效果，为此，应选择容易进行量化处理和可测定的指标，尽量少选抽象度过高和主观评价过难的指标，以便于降低预警误差，尤其是预警指标的反映要具有灵敏度，能够及时反映历史文化村镇保护的动态变化及其产生的负面效应，并对历史文化村镇保护利用进行有效控制和积极引导，同时，监测有关政策措施的实施效果，起到报警器的作用[103]。

（2）个性特色与普遍特征相结合原则

由于地域、环境、社会背景等因素的差异，历史文化村镇保护现状与发展趋势有其个性特色又有其普遍特征，影响历史文化村镇保护和发展的指标与指标权重也各有差异。构建历史文化村镇保护预警指标体系，必须选择既能体现所研究历史文化村镇个性特色，又符合历史文化村镇普遍特征的指标，并且将绝对指标和相对指标相结合。选择具有个性特色的指标，便于体现不同历史文化村镇保护发展的特点和发展趋势，绝对指标适合对个案保护预警进行纵向比较。选择反映普遍特征的指标，以及增长率、人均水平等相对指标，方便对历史文化村镇保护预警情况进行横向比较。

（3）历史文化保护与可持续发展相结合原则

保护预警指标体系既要对历史文化村镇保护与发展传承进行客观评价和预警调控，又要对历史文化村镇自然生态环境状况，以及当地经济社会发展、生活水平的不断提高和优秀传统文化的传承等可持续发展要素，进行有效监测、预警和控制，既防止全面关注保护而忽视当地居民生活和发展的需求，也防止片面追求经济利益而牺牲历史文化特色的保护与传承。因此，保护预警指标的选取，既要对历史文化村镇的保护起到必要的保护警戒作用，重视生态文明建设，也要兼顾到当地经济社会可持续发展，提高当地居民的生活水平和质量，以保护促进可持续发展。

（4）实用有效与操作方便相结合原则

历史文化村镇保护预警系统的建设应做到预警数据便于获取，预警指标灵敏，预警方法简便可行，预警功能实用有效，并且具有可操作性和推广性，便于在不同历史文化村镇高效使用。因此，选择预警指标需要方便数据统计和度量对比，减少主观影响，注重指标数据的时效性。预警指标的数量不宜过多，避免重复和矛盾。预警方法简易科学，避免过度复杂，便于预测分析。预警结果明确，便于及时调控。

4.5 历史文化村镇保护预警指标系统的构建思路和研究方法

4.5.1 历史文化村镇保护预警指标系统的构建思路

历史文化村镇保护预警的目的是预测未来状态，及早应对可能出现的不利情况和警情警源。第一步，针对预警对象自身的特点，在客观评价历史文化村镇保护状态、科学分析其保护与发展的影响因素中，选择能准确反映历史文化村镇保护效果且能灵敏地指示保护预警系统运行态势的指标体系。第二步，收集保护预警指标体系的相关资料和数据，进行历史文化村镇的保护预警评价，如有条件能收集到预警指标历年变化的资料与数据的，可进一步选择适合预警对象的数理模型来对各项指标进行模拟预测。第三步，根据预警对象保护和发展的变化情况，综合考虑当地社区居民和有关专家的意见，确定出历史文化村镇保护预警的警限和警区，对历史文化村镇保护目前和未来发展趋势下的警情、警度做出判定，以此为依据绘制预警信号图。第四步，针对历史文化村镇保护的不同警情提出的相应的对策措施。

4.5.2 历史文化村镇保护预警指标体系研究的基本方法

不同的预警方法各具特点，在预警工作中也有各自的优缺点。历史文化村镇保护预警指标体系的研究方法主要取决于历史文化村镇保护预警本身的目的和历史文化村镇保护的特点。

参考相关领域的预警案例，目前使用层次分析法建立评价模型来进行预警的应用较为成熟和广泛。层次分析法根据研究问题的性质和要达到的总目标，将问题分解为不同的组成因素，并按照因素间的相互关联影响以及隶属关系将因素按不同层次聚集组合，形成一个多层次的分析结构模型，从而最终使问题归结为最低层（供决策的方案、措施等）相对于最高层（总目标）的相对重要权值的确定或相对优劣次序的排定。基于自身系统性、简捷性和实用性的特点，这种方法在众多领域的实践应用中取得了不错的效果，也积累的大量的经验。但是，层次分析法作为一种多准则的决策方法，对于使用者的经验和判断力依赖性较强，并且采用了相对标度的形式来表示预警决策因素的测度。在依靠使用者主观判断的基础上，依据预先制定的相对标度方式，依次比较每一层次的所有元素对上一层次元素的相对重要性，最后按从上到下的层级结构递阶归并各方案对总目标的最终权重值。本书中我们结合德尔菲法和主观评价指标的量化转换法并结合实地调研和问卷调查来综合反映对历史文化村镇保护预警的主客观感受。

（1）德尔菲法

德尔菲法也称专家调查法，它采用通信的方式分别将所需征询的问题单独发送到各个专家手中，征询意见，各专家匿名发表意见均采用，专家之间不互相讨论，也不发生横向联系，之后回收汇总全部专家的意见，并整理出综合意见。随后将该综合意见和预测问题再分别反馈给专家，再次征询其意见，各专家依据综合意见修改自己原有的意见，然后再汇总，如此反复数次，最终得到较一致的结论。

（2）层次分析法（AHP决策分析法）

历史文化村镇保护预警研究是一个涉及建筑遗产、街巷空间、民俗文化、历史传承等多角度、多层次、多结构、多要素的系统性研究。历史文化村镇保护预警体系是一个由各指标层协同作用的统一体，预警指标体系的构建也是一个具有等级包含关系的系统。该系统自上而下的等级排序依次为目标层—准则层—方案层。其中“方案层”是预警因素的组合，该层指标具有动态性，是警源所在地，也是监测预警的重点所在，该指标层直接反映“准则层”的警情，然后综合到“目标层”，通过系统整合分析从而完成预警，因此就整个预警系统而言，其构建要遵循层级结构，而开展预警工作时则要按照自下而上的顺序形成一个整体的警情汇总。因此可以将对历史文化村镇保护的预警问题分解为不同的层次和不同的因素，建立历史文化村镇保护预警指标体系的层次结构模型，通过对同一级两两元素的相对重要程度进行比较，构造权重判断矩阵，通过层次单排序、层次总排序及一致性检验等步骤来确定历史文化村镇保护预警体系中各层次、各指标元素的权重。

（3）实地调查法

通过实地考察调查，收集一些可能对当地历史文化村镇保护及发展产生影响的指标因子作为备选指标，通过甄别、筛选，可补充到预警指标体系中来。对于历史文化村镇保护预警指标的客观实际水平，如保护建筑规模、人口等数据需要利用统计资料进行收集、整理、分析。而对保护的主观满意度，也可借助问卷调查来反映专家学者、游客、居民、地方相关管理部门等的主观感受。

（4）主观评价指标的量化转换法－语义差别法（SD）

在历史文化村镇保护预警体系指标的选择中，可以借助主观评价指标的量化转换法-语义差别法（SD）将原本难以比较的主观性较强的非物质文化遗产元素保护程度转化为量化指标。

另外，如果有条件能够获取历史文化村镇与预警指标相关的历年数据资料，可以在所采集的历年预警指标变化的资料与数据基础上，进一步采用一定的数理模型对各项预警指标进行未来预测。然后，根据历年数据的变化情况，综合考虑当地居民和有关专家的意见，确定出历史文化村镇保护预警的警限和警区，对历史文化村镇保护的未来做出警情、警度的判定，绘出预警信号图，并提出应对不同警情的措施，完善历史文化村镇保护监测及预警体系。

例如在预警指标预测研究中，运用人工神经网络、GM（1，1）、时间序列的曲线预测等方法。人工神经网络预测模型是在人类对其大脑神经网络认识理解的基础上，人工构造的能够实现某种功能的神经网络，是基于模仿人脑神经网络结构和功能而建立的一种信息处理系统，是由大量简单处理单元相互连接而成的复杂网络，具有高度的非线性预测功能。但由于人工神经网络要实现某项任务的预测，模型较为复杂，求解过程也较复杂，需要首先进行训练学习，并需要利用MATLAB软件语言等针对不同的预测任务进行具体的程序编制，这就增加了预测的技术难度；GM（1，1）预测模型是一种灰色预测系统，提供了解决不确定问题的新思路，能够实现根据各项数据的历史增长或衰减趋势，来预测未来的发展变化，但该系统使用数据少且不规律，偏重于历年变化的始末，对其变化过程的曲折度考虑不足，因此预测的结果是一个近于线性的增减变化曲线，与部分指标的实际发展存在较大出入；此外，还可以使用时间序列曲线模型，该模型是一种综合线性预测和非线性预测的方法，可以利用SPSS软件选择拟合度较好的曲线进行预测，也可进行不同区域的综合预测，是科学合理性较为适中的一种预测方法，但由于历史文化村镇很多相关资料数据并不完善，采集历年预警指标变化的资料与数据难度较大。

综合各预测方法的特点和资料数据获取的可能性，在实地调研的基础上，将层次分析法和德尔菲法、主观评价指标的量化转换法相结合，进行历史文化村镇保护预警评价是具有一定可操作性和合理性的。如果历史文化村镇历年的相关数据和资料较为完善，可进一步采用时间序列曲线预测模型，同时还可以更好地完善历史文化村镇的监测、预警和管理体系，为预警体系的构建提供技术依据。

4.6 历史文化村镇保护预警指标体系构建

4.6.1 历史文化村镇保护预警指标的选取

由于历史文化村镇保护预警是一个较为复杂的运行系统，兼有自然预警和社会经济预警的特点，既与历史文化遗产本身相关，又与当地的居民生活、社会经济发展和生态环境等问题相关，而历史文化遗产的保护又包括物质文化遗产和非物质文化遗产两部分。这些因素都与历史文化村镇保护密切相关，是历史文化村镇保护预警的必要组成部分。根据历史文化村镇保护预警指标的选取原则，考虑到历史文化村镇保护预警的实际情况，结合社会经济发展背景以及生态环境保护的需求，借鉴有关预警研究的经验，本研究将历史文化村镇保护预警指标体系划分为三大部分，即物质空间要素保护体系、非物质文化要素保护体系和社会经济环境要素保护体系。

历史文化村镇保护预警指标体系中的物质空间要素保护体系与物质文化遗产紧密相关，重点关注文物古迹、历史建筑、历史街巷、空间格局的保护情况，是历史文化村镇保护预警中关键的指标，它们一旦出现重度警情，将会导致历史文化村镇保护系统运行变得极为不正常，甚至会出现崩溃的可能。比如历史文化村镇历史传统建筑规模及比例、核心保护区占地面积规模及比例、古建筑的维修情况、传统空间格局的保持情况等，这些指标的波动都会反映历史文化村镇保护状况的好坏，或者可能会出现的问题和潜藏的危机。

历史文化村镇保护预警指标体系中的非物质文化要素保护体系与非物质文化遗产紧密相关，关注带有乡土风情的民俗文化的保护与传承，考虑传统民俗文化的类型数量多样性、保持度以及流传范围。在历史文化村镇生活与民俗文化保护中最为关键的是对本地居民的保护。他们是民俗文化的见证者、使用者和传承者。只有历史文化村镇居民生活水平得以提高，居民普遍愿意在村镇内部生活，才能使原有的民俗文化更好地得以延续。如本地拥有的具有地方特色的传统节日、传统手工艺和传统风俗类型的数量，传统文化传承人的数量，核心保护区原住居民人口的比例，原住民对本地文化的认同度等指标可以对历史文化村镇保护预警系统及其发展趋势做出预警，或者指示着系统存在出现某种警情的可能性或潜在影响。有些问题可能会随着时间的推移逐渐显现出，如没有采取必要而及时应对措施，系统将会出现不正常的运行态势。

历史文化村镇保护预警指标体系中的社会经济环境要素保护体系与社会经济发展背景以及生态环境保护相关，关注社会经济发展以及环境保护对历史文化村镇保护与发展的影响，可以从增长率及相对比值来设定指标。比如年游客人数增长率可以反映游客增长对历史文化村镇社会经济、生态环境、居民生活的影响程度。保护维修投入资金与旅游收入增长率的比值可以反映保护资金投入与旅游发展的比例关系以及当地对历史文化村镇保护的重视。自然生态环境是历史文化村镇生长和发展的基础，不同的山水、植被等自然环境的背景差异，使得历史文化村镇的风貌各具特色。因此历史文化村镇生态环境保护预警要从直接关系到当地自然生态环境的因素出发，这些自然生态环境一旦恶化或被破坏，将对历史文化村镇的价值特色以及今后的保护发展产生重要影响。比如可以通过自然植被覆盖率和自然环境的完整度来评价，也可从旅游收入对环境治理投入的贡献率来评价，主要评定是否存在旅游发展过快，但环境治理跟不上从而导致环境逐步恶化的情况发生。本地居民对历史文化村镇保护与发展的满意度、当地政府对本地保护与发展的扶持度等，这些指标也可以对历史文化村镇保护预警系统及其发展的趋势做出预警。

在实地调研、资料收集和选取指标时我们发现，有些指标能够直接反映历史文化村镇保护预警系统整体状况的好坏，但其指标历年变化或短期内不甚明显，或是在调查中不易获取。因此，历史文化村镇的保护预警具体指标的选定，就要根据研究案例的实际特点、典型价值特色、保护的不同情况，以及研究资料数据的可获取性，来综合确定保护预警的指标体系，对个别的数据指标体系可以进行必要的调整、替换、增减乃至合并（表4-1）。

表4-1　历史文化村镇保护预警指标体系

A层（评价层）	B层（准则层）	C层（方案层）	指标意义
历史文化村镇保护预警指标体系	B1物质空间要素保护	C1现存历史传统建筑面积	反映历史文化村镇整体风貌的保持

续表

A层（评价层）	B层（准则层）	C层（方案层）	指标意义
历史文化村镇保护预警指标体系	B1物质空间要素保护	C2核心保护区占地面积规模	反映历史文化村镇核心保护区历史文化遗产的保护状况
		C3县级以上文物保护单位数量	反映历史文化村镇拥有文物保护单位的数量规模
		C4核心保护区历史建筑、文物保护单位及其周围环境用地面积占核心保护区全部用地面积比例	反映历史文化村镇核心保护区历史真实性
		C5核心保护区现存历史传统建筑数量比例	反映历史文化村镇核心保护区历史传统建筑占全部建筑的比例，即新、老建筑的比例情况
		C6古迹建筑登记建档和挂牌保护的比例	反映历史文化村镇古迹建筑登记建档和挂牌保护情况
		C7年度古建筑维修面积占古建筑总面积的比例	反映历史文化村镇每年的维修力度
		C8历史街巷（河道）数量、总长度	反映历史文化村镇传统风貌和特色景观的主要视觉廊道——历史街巷（河道）保存状况，由保存形态完整和风貌连续的历史街巷（河道）数量和总长度来确定
		C9现有文化场所数量	反映现存的物质实体类文化场所的数量，反映历史文化村镇整体的文化保存度
		C10历史建筑和传统建筑风貌保存度	反映历史文化村镇的历史和传统建筑风貌保存情况
		C11传统空间格局保存度	反映聚落空间格局保存的完整程度以及在传统布局方面的功能和特色
		C12重要标志和象征保存度	反映历史文化村镇中起着重要作用的标志物的保存情况
		C13历史名人或重大事件发生地建筑保存状况	反映历史文化村镇中具有重大历史价值的建筑遗产的保存状况

续表

A层（评价层）	B层（准则层）	C层（方案层）	指标意义
历史文化村镇保护预警指标体系	B2非物质文化表现要素保护	C14当地拥有的具有地方特色的传统节日、传统手工艺和传统风俗的数量	反映历史文化村镇中特色传统民俗文化的保存程度和多样性
		C15传统文化传承人的数量	反映对非物质文化遗产在场所中流传的程度，体现历史文化村镇传统文化的传承状况
		C16原住居民人口增长率	反映历史文化村镇生活延续性的保持程度
		C17核心保护区原住居民人口比例	反映历史文化村镇本地居民占村镇内部全部人口的比例，是本地文化传承的必要条件
		C18老年人口数量比例	反映历史文化村镇的老龄化水平
		C19居民人均纯收入	反映历史文化村镇的居民收入水平和富裕程度
		C20居民失业率	反映历史文化村镇的居民生活状况
		C21古民宅用于社区居民生活的比例	反映历史文化村镇内古民宅的使用功能情况
		C22核心保护区高峰日游客人均游览面积	反映历史文化村镇的旅游环境容量
		C23传统文化的产业化比例	反映历史文化村镇传统文化市场化、规模化程度
		C24仍在当地流传的传统文化以及技艺的生活化程度	反映历史文化村镇传统文化的普及程度，流传越广，生命力越强
		C25原住民对本地文化的认同度	反映原住民对本地文化内涵及价值的认识、理解和自豪度
	B3社会经济环境要素保护	C26年游客人数增长率	反映游客增长对历史文化村镇社会经济、生态环境、居民生活的影响程度
		C27自然植被覆盖率	反映历史文化村镇内自然植被的覆盖情况
		C28保护维修投入资金与旅游收入增长率的比值	反映保护资金与旅游发展的比例关系

续表

A层（评价层）	B层（准则层）	C层（方案层）	指标意义
历史文化村镇保护预警指标体系	B3社会经济环境要素保护	C29当地居民年收入增长率与当地旅游收入增长率的比值	反映旅游发展对提高当地居民生活水平的贡献度
		C30年度环境治理投入与旅游收入增长率的比值	反映旅游发展对当地生态环境治理的贡献程度
		C31本地居民对历史文化村镇保护与发展的满意度	反映居民对历史文化村镇整体保护与发展状况的满意程度
		C32自然环境完整度	反映聚落与周围自然环境的关系，考虑自然环境的完整性、生态环境的质量、人工建筑物与自然环境的和谐程度
		C33社会对当地历史文化的认知度	反映社会对历史文化村镇传统文化内涵及价值的认识和理解度
		C34当地政府对本地保护与发展的扶持度	反映政府主管部门对历史文化村镇传统文化传承和发展投入的资金占全部村镇建设资金的比例情况以及对相关文化产业发展制定的政策、措施情况
		C35保护机构的数量	反映历史文化村镇保护在机构层面上的保障情况。这些组织既包括政府部门专门设立的正式部门组织，也包括居民自发组建的非正式的群众组织

4.6.2 历史文化村镇保护预警指标的释义与说明

（1）物质空间要素保护

C1现存历史传统建筑面积

是指历史文化村镇中保存至今的文物古迹、历史建筑与传统建筑的建筑面积总和。住建部和国家文物局要求凡是申报中国历史文化名镇（名村）的村镇，其辖区内存有的清朝以前年代建造或在中国革命历史中有重大影响的成片历史传统建筑群，总建筑面积要在5000m²以上（镇）或2500m²以上（村）[1]。历史文化村镇

[1] 建设部，国家文物局. 关于公布中国历史文化名镇（名村）第一批的通知[EB/OL]，2003-10-18[2019-03-05]. http://www.cin.gov.cn/Planning/file/2003120401.htm.

的现存历史建筑与传统建筑只有达到一定规模时，才能使人从中感受到历史氛围和历史文化价值。这项指标如果锐减，说明历史建筑与传统建筑被大量拆除，将直接影响到历史文化风貌的保持和游客的感受。

C2 核心保护区占地面积规模

体现了历史文化村镇核心保护区的保存状况，在一定程度上反映了历史文化村镇遗产的保存状况和历史风貌的完整程度。要保持历史文化村镇历史风貌的完整性，核心保护区的占地面积就要有一定的规模，并且在保护规划确定后就不能随意更改和减少[16]。

C3 县级以上文物保护单位的数量

反映历史文化村镇拥有县级以上文物保护单位的数量规模。县级以上文物保护单位集中反映了历史文化村镇文物古迹、建筑的科学、艺术和历史文化价值的重要性和保护管理情况。这些文物保护单位的数量如果减少，则说明历史文化村镇的价值特色已受到较为严重的破坏，未得到妥善保护。

C4 核心保护区历史建筑、文物保护单位及其周围环境用地面积占核心保护区全部用地面积比例

是指核心保护区的历史建筑、文物古迹及其周围环境的面积占全部核心保护区用地面积的比例。核心保护区是集中体现历史文化村镇历史风貌的区域，该区域内历史建筑及文物保护单位的占地比例直接体现出是“老”还是“新”的规模对比关系。这项指标既能反映核心保护区内新建建筑是否出现大量增加的现象，又能反映核心保护区内的文物古迹建筑是否被拆除、破坏，还能反映出更新建造与开发建设等行为及其对历史建筑、文物古迹周围的环境和整体风貌的影响。

C5 核心保护区现存历史传统建筑数量比例

反映历史文化村镇核心保护区历史传统建筑占全部建筑的比例，即新、老建筑的比例情况。要保持历史文化村镇的历史传统风貌，不能仅看现存历史传统建筑的绝对规模。这是因为，现在不少历史文化村镇尤其是经济发展较快或是靠近大中城市的历史文化村镇，新建建筑的规模很大，已远远超过了历史传统建筑的规模。但是考虑到要协调保护与发展的关系，这里只统计核心保护区内现存历史传统建筑所占比例，而没有以整个历史文化村镇作为计算对象[16]。

C6 古迹建筑登记建档和挂牌保护的比例

反映历史文化村镇文物古迹、建筑建立档案和挂牌保护的情况。这从一个侧

面可以反映出历史文化村镇遗产保护工作的深入程度、扎实程度。遗产资源的档案建立对做好其它保护工作是极其重要的，它既有助于保护中的有的放矢，也有助于对居民、外来经商人员、游客进行宣传教育[16]。

C7 年度古建筑维修面积占古建筑总面积的比例

反映历史文化村镇每年的维修力度。我国历史文化名镇（名村）中大部分传统建筑物、构筑物是以砖木、土石为主要建筑材料的建筑，由于气候等自然条件的影响，随着时间的推移，建筑逐渐出现褪色、变形、裂隙，甚至主体结构出现“自然坍塌”，它们的保存与修复需要一个时间周期，保证每年一定的维修比例，可以有效避免古建筑“自然坍塌破坏”现象的出现，保持良好的历史风貌。

C8 历史街巷（河道）数量、总长度

反映历史文化村镇传统风貌和特色景观的主要视觉廊道——历史街巷（河道）的保存状况，有助于控制历史街巷（河道）连续性的变化对整体空间带来的破坏，由保存形态完整和风貌连续的历史街巷（河道）的数量和总长度来确定。历史街巷是历史文化村镇的主要公共空间，承载了人们的社会生活、商业发展和游憩观赏等丰富多样的活动，是反映历史文化村镇历史风貌的主要廊道。历史街巷必须保证足够长度才能较好地体现出传统风貌的韵味，避免有新建筑插建，从而保障传统风貌的视觉连续性和美观性。保存较为完整且具备景观风貌连续性的历史街巷（河道）的数量越多、长度越长，则历史文化村镇的历史街巷（河道）的景观风貌和空间序列的变化更加丰富，街巷空间更完整。

C9 现有文化场所数量

本项指标反映历史文化村镇内现存的物质实体类文化场所的数量和类型。文化场所的数量和类型可以反映历史文化村镇整体的文化保存度。历史文化村镇文化场所数量多、类型丰富有助于整个历史文化村镇传统文化的保护和传承。

C10 历史建筑和传统建筑风貌保存度

反映历史文化村镇历史和传统建筑的保存情况和保存质量，主要考虑其风貌完整性和视觉景观美感。历史文化村镇内必须要保留一定比例风貌较好的建筑。由于历史文化村镇大都经过了较长的历史演变，必然会出现一些风貌受损或较差的建筑，但当这些风貌较差的建筑数量超过一定程度的时候，就将对名镇（村）的历史氛围产生致命影响。借鉴对历史街区的有关研究，风貌好和较好的建筑比例应达到50%以上，最低不应低于30%，风貌差的建筑比例般应控制在20%左右，不应高于30%（阮仪三，2001）[80]。

C11 传统空间格局保存度

本项指标反映的是现存历史文化村镇的村落格局的保存状况，主要指聚落空间格局保存的完整程度以及在传统布局方面的功能和特色。我国的历史文化村镇遵循人与自然环境和谐相处的生态理念，同时体现宗教、血缘宗族等礼制观念，满足防御的需求，展现自然山水诗画的美学境界。它们因地制宜、整体构图的思维方法构成了我国朴素的传统规划思想。

C12 重要标志和象征的保存度

反映历史文化村镇中对历史文化的传承和对村镇居民的情感与记忆的寄托都起着重要作用的标志物的保存情况。这些重要的标志和象征往往算不上历史建筑或者文物古迹，如村中的老树、老井、池塘、磨坊等，但是作为当地居民过去熟悉的社会交往和日常生活生产的空间场所均承载着当地居民多年的情感记忆，能唤醒远离故乡人们的乡愁。这类重要的标志物和象征一旦消失，必会在一定程度上影响历史文化村镇的保护。

C13 历史名人或重大事件发生地建筑保存状况

在一定程度上反映了历史文化村镇中具有重大历史价值的建筑遗产的保存状况。历史文化村镇历史上出现的名人或发生的重大历史事件，形成了历史文化村镇重要的价值特色。名人生活地或重大历史事件发生地的古建筑，作为物质载体承载和展现了历史文化村镇的历史价值或革命纪念意义。这些作为物质载体的古建筑保存得好坏程度将影响历史文化村镇作为历史文化遗产的价值。

（2）非物质文化要素保护

C14 当地拥有的具有地方特色的传统节日、传统手工艺和传统风俗的数量

反映出历史文化村镇非物质文化遗产的保存、继承和流传状况，历史文化村镇中特色传统民俗文化的保存程度和多样性。在历史文化发展的长河中，历史文化村镇有地方特色的民风民俗、民间礼仪、民间手工艺以及诗词歌赋等同文物古迹、传统街巷广场、民居建筑相互依存、相互衬托，与其它有形的物质文化遗产一起共同凝聚成历史文化村镇宝贵的历史文化遗产。如果只有古迹、建筑的存在，而没有上述这些民俗文化遗产的沿袭、继承和传播，历史文化村镇将失去许多无形文化遗产和地方特色，不利于我国优秀传统文化的传承和发扬。

C15 传统文化传承人的数量

反映了对非物质文化遗产和传统文化在场所中流传的程度，可体现历史文化村镇优秀传统文化的传承状况。所有非物质文化遗产和传统文化的存在、传承和

发展只有通过人或者人的行为载体才能表现出来，人既是非物质文化遗产和传统文化的创造者，同时也是传承者。对于非物质文化遗产项目能够系统掌握，并能够对其传承和发展有一定影响的人，我们称之为非物质文化遗产的传承人。传统文化传承人需要掌握传统的技艺、技能，在传承的同时还能够使其不断推陈出新，承担着将传统文化发扬光大的职责。因此，传承人的数量对于一个历史文化村镇非物质文化遗产的传承起关键作用。当本地拥有一定数量的传统文化传承人时，非物质文化遗产和优秀传统文化就有良好的生存土壤，能够继续发扬光大。然而由于诸多现实原因的影响，大多数非物质文化遗产和传统文化的代表性传承人是中老年，且数量有减少趋势，青少年传承人才匮乏，这会影响非物质文化遗产和传统文化的长久延续、继续发展。

C16 原住居民人口增长率

反映历史文化村镇生活延续性的保持程度。随着城镇化的进程和社会的发展，越来越多的历史文化村镇加入旅游开发的大潮，原住民的经济条件得到了改善，生活水平也逐步提高。一些居民尤其是年轻居民产生了改善居住环境和居住条件的强烈愿望，但传统民居建筑在维修和改造时，资金成本较大，技术要求较高。在改善居住环境的需求和改造资金缺乏相矛盾时，当地居民往往选择离开旧居，在历史文化村镇外新建一些成本相对较低的新房，从而出现许多原住民选择迁离原历史文化村镇的现象。一些老房屋年久失修，无人愿意居住，呈现逐渐衰败凄凉的景象，村镇内空心化现象日益严重，导致历史文化村镇的生活气息日渐淡薄，原有的生活延续性得不到较好保持，这也使得很多传统的生活模式发生转变，许多与之相关的有价值的文化遗产衰败甚至消亡。因此，历史文化村镇内尤其是核心保护区内，人口呈较低增长甚至是较大幅度的负增长，将极不利于历史文化村镇生活延续性的保持。保证原住民人口的自然增长率，对村镇历史文化村镇的保护有很大作用。

C17 核心保护区原住居民人口比例

反映历史文化村镇本地居民占村镇内全部人口的比例，也反映本地居民与外来经商人员的比例关系。在原住民迁离古镇的同时，伴随着历史文化村镇的旅游开发活动，历史文化村镇逐渐进入一些有一定规模的旅游服务企业或外来务工经商人员。旅游服务等第三产业的发展对搞活当地的旅游市场、促进经济发展是有益的。但是如果外来务工经商人员过多，加之本地居民的老龄化和外迁现象的日益严重，将会导致本地居民减少与外来人口增多。由此造成的人口置换势必造成当地土著文化衰退与外来文化侵入等现象的出现，失去原有的历史文化底蕴，不利于历史文化村镇的历史文化特色和民俗生活的保持。原住民是历史文化村镇形成的基础与主体，是历史文化村镇传统文化与地域风格的传承人，其日常起居与风俗习惯恰是历史文化遗存的真实体现，是当地文化传承的必要条件。控制外来人口数量和加强原住民留守村镇的比例，对维护历史文化村镇的原真性、保持村镇传统民俗特色和继承传统文化内涵具有重要意义。

C18老年人口数量比例

反映历史文化村镇的老龄化水平或中老年人的数量比例。历史文化村镇中存在一定比例的老年人，对当地传统文化的继承和传播，以及原有的民俗生活和手工技艺的沿袭和传承有益。这些老年人身上展现出原有历史文化风貌的痕迹和气息。老年人在历史文化村镇的行为习惯、生活方式及衣着服饰也是构成历史文化村镇镇传统风貌的重要组成部分。但是如果古镇老年人过多，中年、青少年和儿童的比例过小，会使古村镇缺乏生机活力，而且随着时间的推移，历史文化村镇的人口逐渐减少，富有生机的历史文化村镇也将变成“空城”或“遗址”。因此村镇内老年人口数量比例适度，有利于保证历史文化村镇未来的发展保持生机活力。

C19居民人均纯收入

反映历史文化村镇的居民收入水平和富裕程度。人均纯收入是目前我国衡量一个地区居民是否富裕的基本指标，也是评定是否达到温饱或者小康水平的标准。对于历史文化村镇内的原住民，如果人均纯收入长期处于比较低的状态，为了改善经济条件，追求更美好的生活，不得不离开历史文化村镇外出打工，不仅失去了对历史文化村镇的眷念感和归属感，也会对历史文化村镇的保护表现出不积极的态度。同时，历史文化村镇的原住民减少还对当地的传统文化的流失造成严重影响。

C20居民失业率

反映历史文化村镇的居民生活的整体状况。如果当地居民失业率过高，将会导致居民生活水平的下降，影响当地经济的发展。失业人员处于比较贫困的状态，会导致社会发展的不利因素产生。同时，失业人员如果长期找不到合适的就业岗位，就有可能到其它地方去谋生，在一定程度上也会造成常住人口的减少，从而影响历史文化村镇的保护与发展。因此应当提高对居民失业率的关注，引导居民积极地多元化就业。

C21古民宅用于社区居民生活的比例

反映历史文化村镇内古民宅的使用功能情况。目前，不少历史文化村镇以旅游开发作为主要的发展模式。随着旅游人数的增加，为了满足旅游服务业的需求，许多沿街古民居的使用功能转变为商用，或是本地居民在其中开展经营性商业服务活动，或是将其出租给外来人员用于经商活动，导致很多历史文化村镇的街道几乎都变成了毫无特色的商业街，出售的很多商品并不是富有当地鲜明特色的土特产品，而是内容雷同的首饰、古玩等。历史文化村镇内古民居大量用于旅游服务业，虽然这类活动对历史文化村镇的危害相较于工业污染低许多，但随着旅游人数的增加，对文物古迹和历史建筑等的物质耗损也会增大。同时，这使得历史文化村镇的商业化气息过于浓厚，不利于历史传统风貌和传统行为景观的保持和延续，也对当地正常的居民生活和参观旅游造成了一定的影响。

C22 核心保护区高峰日游客人均游览面积

在一定程度上反映历史文化村镇的旅游环境容量。外来游客在历史文化村镇游览时，会占有一定的游览空间面积，这样才能达到较好的游览效果。如果占有空间面积过小，游人过于拥挤，则会大大降低旅游的感受和效果。同时，只有游人占有合理的游览空间面积时，才不会对当地居民的日常行为、正常生活、古迹建筑以及自然环境造成不良影响和损害。通常，旅游高峰期是游客量最集中的时候，也是历史文化村镇瞬时承载量最大时，此时对于文物古迹等历史文化遗产的耗损最为严重。如果在旅游高峰期出现严重超载现象，不仅使得历史文化遗产的保护面临巨大的挑战，而且直接影响游客体验的满意度，也使得当地的人文环境、自然环境承受着超负荷的压力。

C23 传统文化的产业化比例

反映历史文化村镇传统文化市场化、规模化程度。民间传统文化有其独特的魅力，具有深刻的文化属性，其商业属性和价值尚有挖掘的空间。拥有独特历史文化资源优势的历史文化村镇可以通过非物质文化遗产项目和传统文化的产业化发展，带动当地经济发展，创造就业岗位。如通过传统美术、音乐曲艺等文化产品的发展，舞蹈、礼仪活动的演出或者其它集体活动的举办加深游客的旅游体验感；促进地方特色食品的制作从传统家庭作坊向企业制作生产过渡；实现刺绣、编制等手工艺产业的产业化发展。当前，借助科技手段和互联网模式能够生成更有效的生产方式和销售模式，扩大销售范围，增加产值和收入，彰显传统文化的魅力。通过市场经济手段鼓励原住民保护传统文化的积极性，提高传统文化的生存能力，转变传统文化发展方式，是保护传统文化传承发展的有效方式。

C24 仍在当地流传的传统文化以及技艺的生活化程度

反映历史文化村镇传统文化的普及程度，流传越广，生命力越强。同其它非物质文化遗产一样，传统文化和传统技艺要一直延续下去的充分条件就是必须要通过原住民进行传承和发展。所以，传统文化和传统技艺在生活中流传越广，使用的人越多，其群众基础也就越牢，该传统文化和传统技艺的生命力也就越强，从而才会将传统文化和传统技艺发扬光大。

C25 原住民对本地文化的认同度

反映原住民对本地文化内涵及价值的认识、理解和自豪度，是本地文化价值的重要组成部分。文化认同度是历史文化村镇文化生存力的一种体现，特别是在当前各种外来文化入侵的时期，传统文化的生存力往往由原住民对传统文化的熟悉程度来决定。原住民认为本地文化有不同于其它地方的特色才会产生一种对本地文化的自豪感。而原住民作为传承和发展传统的文化的主体，在其对本地文化产生自豪感和认同感的时候才能更有意识地、主动地保护和传承传统文化。

（3）社会经济环境要素保护

C26 年游客人数增长率

反映游客增长对历史文化村镇社会经济、生态环境、居民生活的影响程度，也可反映历史文化村镇旅游开发的程度。游客人数的增长率过快，会产生大量生活垃圾、生活污水和噪声污染，会对历史文化村镇的水、大气、植被、山体、生物群等自然生态系统造成污染和破坏，影响原本和谐的自然生态系统，也会使历史文化村镇的旅游及商业服务设施、基础设施承受巨大压力，产生不良影响，从而促使楼堂馆所、饭店、商店等很多盲目建设的项目蜂拥而上，影响当地自然生态环境和传统风貌的保护。相反，如果游客人数下降过快，又会使大量服务设施闲置，不利于当地社会经济的发展。游客的适度增长，会在促进村镇居民就业、提高居民收入方面起到积极作用；但是过快增长，则会在一定程度上影响当地居民的正常生活，使居民整日面对熙熙攘攘的游客人群，无法享受以往宁静悠闲的乡村生活；而且，对于一些游客，原本是期望从喧闹的大城市来历史文化村镇寻觅一份安静和乡土气息，却在节假日旅游高峰时期又一次卷入熙熙攘攘的游客大潮之中。因此，保持适度的游客增长比例或维持一定水平，对当地居民的生活、经济发展，生态环境保护和村镇建设，以及对长远的旅游可持续发展以及游客的游览感受，都将起到积极的促进作用[16]。

C27 自然植被覆盖率

反映历史文化村镇内自然植被的覆盖情况，不仅包括历史文化村镇周边自然环境中的植被覆盖面积，还包括古典园林、新建的游憩绿地、沿河街巷及居民的庭院绿化，这些绿地植被都对维持当地自然生态环境起着不可忽视的作用。历史文化村镇的选址多讲究风水理论及与自然环境和谐共存的生态观，因此历史文化村镇周边大都拥有较好的植被资源和浓郁的田园风光等。历史文化村镇传统风貌与周边环境的和谐共生是长期与自然、社会等相交融的结果。部分历史文化村镇随着旅游的发展，周边环境被破坏，一些以木质结构建筑为主的地区，为了满足大规模游客的涌入，不断大兴土木，直接导致森林覆盖率的锐减，这也直接破坏了历史文化村镇赖以生存的自然环境。

C28 保护维修投入资金与旅游收入增长率的比值

反映保护资金投入与旅游发展的比例关系。旅游收入是历史文化村镇保护经费的主要来源，历史文化村镇保护的费用既包括物质文化遗产的修缮、保养费用，也包括非物质文化遗产的发展、宣传、保护经费，应随着旅游收入的增加而增长，这也是维护历史文化村镇可持续发展的必然要求。如果旅游收入增长较快则说明当地游客数量增长也较快，则客观上对文物古迹和历史建筑资源的无意识或自然"损伤"也将增多，因此保护、维修资金投入与旅游收入的一定比例的增长，是缓解和避免旅游性破坏的有效措施。同时，这项指标也是检验当地在历史文化村镇保护与发展旅游之间是否保持一个良性比例关系的指标，也可反映该地区对历史文化遗产保护的重视程度。

C29 当地居民年收入增长率与当地旅游收入增长率的比值

反映旅游发展对提高当地居民生活水平的贡献度。旅游收入的增加，意味着当地旅游接待量的增长，而居民作为旅游接待活动的主要参与者，理应从旅游增长中获得更高的经济回报。该指标如果过低，一方面说明居民人均收入的增加赶不上旅游收入的提高，也说明旅游发展并没有反哺居民；另一方面则说明旅游收入的过快提高推动了当地物价的上涨，而当地居民收入赶不上旅游收入的增长，也赶不上物价的上涨，真正带给居民的是实际生活水平的下降。因此这项指标如果不正常，一方面说明旅游发展没有真正给当地居民带来好处；另一方面也说明古村镇社会存在贫富差距，旅游所创造的财富主要流到了少数人手中，这将极大地增加社会的不稳定因素。如果该比值合适，则表示居民收入得到了同步增长，有利于维护历史文化村镇旅游的良好发展，促进其可持续发展。

C30 年度环境治理投入与旅游收入增长率的比值

反映旅游发展对当地生态环境治理的贡献程度。环境治理投入费用包括植被绿化、修剪费用、垃圾处理费用、环保宣传费用等。通常而言，旅游收入的增加必然加大环境的负荷，环境治理应随游客量的增加而提高。该指标如果过低，则说明旅游收入在增加的同时，并没有将一定的资金用到历史文化村镇的环境治理和保护上来。由游客对自然环境造成的不良影响甚至污染破坏，如果不能够及时修复与清理，必然会造成历史文化村镇自然环境和生态质量持续下降，会对历史文化村镇自然环境和历史传统风貌造成极大的不良影响，反过来又会影响到旅游的正常发展。

C31本地居民对历史文化村镇保护与发展的满意度

在一定程度上反映本地居民参与历史文化村镇保护的程度和对历史文化村镇整体保护与发展状况满意程度的主观评价。这项指标可以采用抽样问卷调查的方法来获取。本地居民对历史文化村镇保护与发展的满意度越高，对该村镇的保护和发展的认同度和主动参与度就越高，从而形成有益的良性互动。

C32自然环境完整度

反映聚落与周围自然环境的关系，考虑自然环境的完整性、生态环境的质量、人工建筑物与自然环境的和谐程度。我国幅员广阔，人口众多，地形、民俗各异，由此产生了各地不同的生活和生产方式，在与周围的自然环境的结合下也因地制宜创造出风格各异而富有当地特色的建筑。保护历史文化村镇特有的自然环境，有助于更好地保护与传承反映各地特色及差异的建筑形态以及文化风俗。

C33社会对当地历史文化的认知度

反映社会对历史文化村镇悠久历史以及传统文化内涵及价值的认识和理解。当人们对其有了充分了解时，容易激发人们的兴趣并且产生正面的、积极的情感共鸣，在人们体验和传播历史文化村镇传统文化的同时会为其带来巨大的经济效益和社会效益，从而能更好地保护和传承历史文化村镇的优秀传统文化。

C34当地政府对本地保护与发展的扶持度

反映政府主管部门对历史文化村镇的保护与发展投入的资金占全部村镇建设资金的比例情况，也可反映相关政府部门为当地进行的相应宣传，以及为优秀传统文化传承和发展及相关文化产业发展制定的政策、措施情况。作为历史文化村镇文化保护的主导机构有责任也有义务为历史文化村镇传统文化的生存、发展起到其应有的作用。

C35保护机构的数量

反映历史文化村镇保护在机构层面上的保障情况。历史文化村镇保护规划的组织制定、政策规定的出台、保护规划的实施、保护修复工作的安排、宣传教育等工作的开展都需要一个专门的保护管理机构来具体操作执行。这些组织既包括政府部门专门设立的正式部门组织，也包括居民自发组建的非正式群众组织，对历史文化村镇的保护与发展以及历史文化的发展和传承有重要的推动作用。

4.6.3 历史文化村镇保护预警指标体系构成

下面采用层次分析法（AHP）来建立历史文化村镇保护预警指标体系层次结构模型并确定各指标权重。

（1）建立历史文化村镇保护预警指标体系层次结构模型

根据历史文化村镇保护预警指标体系，建立保护预警指标体系层次结构模型，包括A目标层、B标准层、C方案层三层结构，如图4-1所示。其中方案层包括35个指标，用C1-C35表示，具体含义见表4-1。

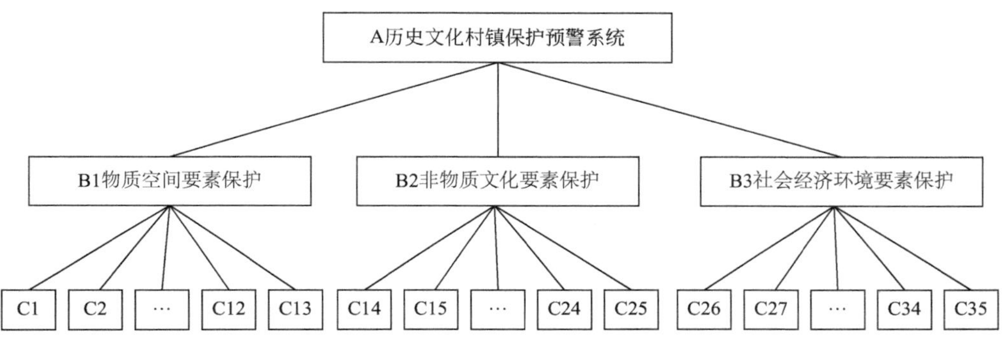

图4-1　历史文化村镇保护预警指标体系层次结构模型

（2）构造判断矩阵并计算权重

首先，向有关历史文化村镇保护、遗产保护与旅游发展领域的专家、学者发放历史文化村镇保护预警调查问卷，经过回收审核后，以上一级要素为准则，通过对同一级两两元素的相对重要程度进行比较，构造权重判断矩阵，通过层次单排序、层次总排序及一致性检验等步骤，求得综合权重；然后依次计算第二层指标B1、B2、B3对于上层A的相对权重，表示物质空间要素、非物质文化要素、社会经济环境要素对保护预警系统的重要程度；接下来，计算第三层指标C1-C35对于上层指标B1、B2、B3的相对权重；最后，计算第三层次指标C1-C35对于目标层A的组合权重，以表示它们对保护预警系统的重要程度。

4.6.4 确定历史文化名镇名村保护预警系统的警度、警限

历史文化名村名镇保护预警的最终目的是预报警度。应在预测历史文化村镇

保护指标变量的基础上，确定一个与预警指标体系相对应的合理评判尺度，作为衡量历史文化村镇文化空间保护预警优劣的标准。根据这一标准，可以用来判定某个预警指标或整体预警系统是否达到危险程度。

历史文化村镇保护预警系统的警度，可通过对预警指标的计算和警级的划分标准划分出若干等级。警度的划分要根据具体情况来确定，本研究结合国际上关于文化和自然遗产的预警管理模式，分为无警、轻警、中警、重警4个等级，以反映不同预警的严重程度。为了形象地反映不同警度，还可采用类似于交通管理信号灯的基本做法，将无警对应为绿灯，轻警对应为蓝灯，中警对应为黄灯，重警对应于红灯。为有效评估历史文化村镇保护的状况，可将绿牌、蓝牌、黄牌和红牌分别对应良好、一般、较差、很差四种保护指数等级，对出现较差警情的历史文化村镇要发布黄牌警告，对保护状况仍无好转的“红牌罚下”，取消名镇名村资格。以上关于警限、警区、保护指数等级、信号系统的关系如图4-2所示[16]。

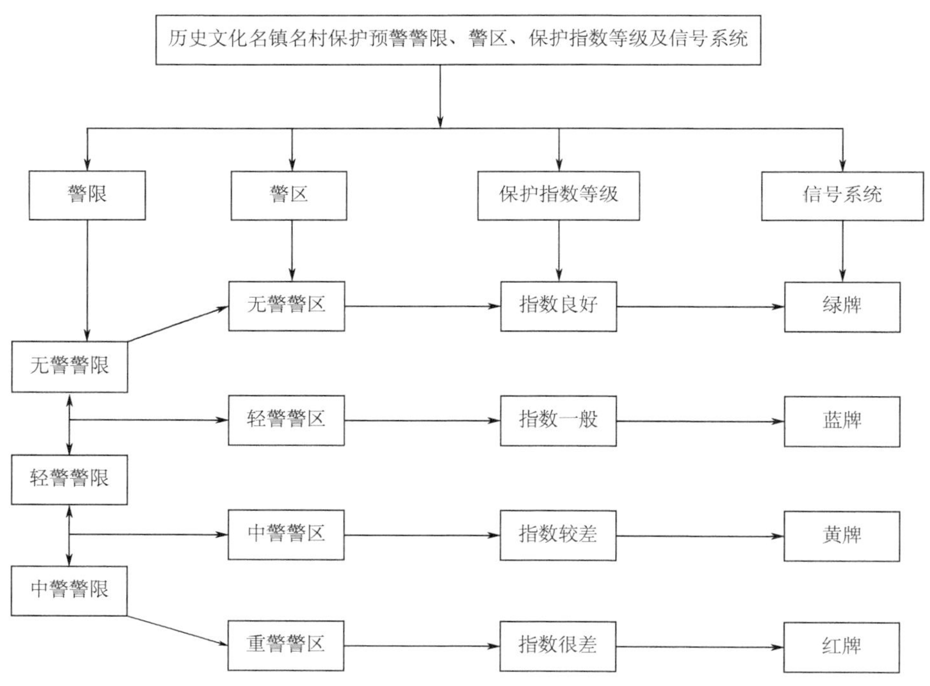

图4-2　历史文化村镇警限、警区、保护指数等级及信号系统

确定警度和不同信号系统指示灯，关键在于区分不同警区之间的警限。历史文化村镇保护预警系统的警限，就是我们所确定的预警指标的变化范围和预警区域的界限，是区分不同警区之间的关键。但确定历史文化村镇保护预警的警限又

是个十分复杂的难点。一方面，保护预警的警情的严重程度本身就是个比较模糊的概念，预警的轻重、好坏程度较难确定出明确的界限。这不仅与预警对象有关，而且与预警指标的选取有关；另一方面，历史文化村镇预警也是一个随着当地经济社会发展、保护环境、保护政策与措施的变化而动态变化的复杂性系统。因此，要根据历史文化村镇的实际情况，结合当地居民意见和专家意见，采用多种方法来确定警限。同时，保护预警确定好的警限也要随着当地社会经济发展、政策和措施的实施来进行适时的变化调整。

警限划分常用的方法有系统化法、问卷调查法或综合评判法等，下面就本书所采用的方法进行阐述。

（1）系统化法

系统化法是对各类预警系统的经验总结，这种方法从定性分析出发，根据各种并列的原则或标准来研究警限，然后综合各种研究结果，从而得出科学的结论。这种方法的重点是对大量历史性数据的定性分析，以及对目前实际情况和以往变化经验的综合分析，最后结合多方面的意见进行适当调整。系统化法所遵循的原则主要有：

① 多数原则

多数原则认为在过去相当长的一段时间内，历史文化村镇保护预警各项指标在绝大多数情况下都处于安全（保护状况良好或一般）状态。基于这种认识，将时间序列的各种预警指标由小到大排列，从最大值往下，选择占总数2/3的数据区间为安全区，即有警和无警的分界线；将剩余的1/3数据区间再划分非安全区（即保护状况较差和很差的状态），并在该区间中确定轻警警限、中警警限及重警警限。具体划定时可根据情况进行等距和不等距划分。

② 中数原则

中数原则又称半数原则，即认为在过去相当长的一段时间内，至少有一半以上年份历史文化村镇保存状况处于安全状态（保护状况良好和一般的状态）。因此，按从大到小排列预警体系的时间序列指标，位于中间的中位数就可确定为无警和有警的分界线。

③ 均数原则

均数原则认为历史文化村镇保护状况不应低于历史平均水平，历史的平均水平是一个分水岭，是过去各种警度的综合反映，若实际的预警指标低于历史平均水平，就意味着出现警情。历史平均水平作为无警警限的下限，其既可以是算数平均，也可以是加权平均。

④ 少数原则

少数原则是指采用大多数公认的历史文化村镇发展过程中的黄金年份的预警指标的下限为无警警限，也就是将黄金年份的预警指标分为高、低两组，一般以中位为界，然后扣除个别极端值，如负增长率，再求低值组的平均值作为无警警限的下限。

（2）问卷调查法

包括专家咨询确定和当地居民等利益相关者意向调查两个方面。

前者主要是根据专家的相关历史文化村镇保护经验，并结合历史数据进行专家个人的主观判断，来划定各警限间的阈值。由于专家大多是常年从事历史文化村镇保护相关的人员，因此其确定的警限值应作为重要参考，尤其是在一些历史数据较难获得或是数据有限难以支撑警区划定的情况下，专家意见对于警限值的确定至关重要。该方法主观因素较重，判断结论取决于参评专家的理论水平、实践经验、判断能力和对保护预警资料的掌握情况。

后者则主要是选取历史文化村镇保护与发展的利益相关者进行调查，如到历史文化村镇的现场实际了解村镇居民、旅游开发人员、游客、地方相关管理部门等的主观意向，他们可以从不同角度来分析历史文化村镇的保护与发展问题。通过对利益相关者的调查，可以获得一手资料，从而提高预警区间划分的合理性和可操作性，提高公众参与程度。

（3）综合评判法

在确定历史文化村镇警限时，可以具体结合保护与发展的实际情况，在上述方法的基础上进行全面分析，综合确定警限，保证警限的确定对历史文化村镇的保护与发展有实际的预警效果和调控意义。如果警限设置得过高，则大多数情况下历史文化村镇将会出现严重的警情，既不符合事物发生发展的规律，也无法看出保护态势的好坏波动，会给指定保护措施带来较大的盲目性。如果警限设置得过低，则不能反映出历史文化村镇的实际保护状况，会造成当地对保护出现盲目乐观的错误认识，不能认识到一些潜藏的危机所在，同样也不利于历史文化村镇的保护与可持续发展。

历史文化村镇文化保护现状及预警实证研究——以天津市为例

近年来，天津市通过以宅基地换房建设示范小城镇的模式推进新型城镇化建设，积极推进了天津市区周边村镇的土地集约利用，拓展了城镇的发展空间，有效促进了城乡统筹发展，城镇化建设取得显著成效。有数据显示，到2018年底，天津城市常住人口城镇化率已达到83.15%。天津市有着悠久的历史文化，市域存在着一些有历史价值的村镇，它们在历史发展的长河中，对天津市的经济发展、地方特色的形成以及社会地位的提升均具有举足轻重的作用。

随着城镇化的高速发展和村镇的建设更新，许多村镇面临着“千村一面”的风险。根据国家历史文化名镇（村）的认定标准，天津市现状村镇大多难以达到列级要求。作为天津的历史文化保护与传承的载体和重要的历史文化遗产，历史文化村镇显得更弥足珍贵。表5-1、表5-2所示为天津现在拥有的历史文化村镇名单。其中，杨柳青镇于2008年被列入第四批国家级历史文化名镇。天津市已列入中国传统村落的名单如表5-3所示。其中，西井峪村于2010年被列入第五批国家级历史文化名村，2012年被列入第一批中国传统村落。

表5-1　天津现有历史文化名镇

序号	名称	所在区域	级别
1	杨柳青镇	西青区	国家级历史文化名镇（第四批）
3	葛沽镇	津南区	市级历史文化名镇
2	独流镇	静海区	市级历史文化名镇

表5-2　天津现有历史文化名村

序号	名称	所在区域	级别
1	西井峪村	蓟州区渔阳镇	国家级历史文化名村（第五批）
2	果香峪村	蓟州区穿芳峪乡	市级历史文化名村
3	中营村	蓟州区	市级历史文化名村
4	老米店	武清区	市级历史文化名村

表5-3　天津现有中国传统村落

序号	名称	所在区域	级别	批准时间
1	西井峪村	蓟州区渔阳镇	中国传统村落（第一批）	2012年12月
2	六街村	西青区杨柳青镇	中国传统村落（第四批）	2016年12月
3	黄崖关村	蓟州区下营镇	中国传统村落（第四批）	2016年12月
4	陈塘庄村	宝坻区八门城镇	中国传统村落（第五批）	2019年6月

协调好历史文化村镇保护与可持续发展之间的关系，通过历史文化村镇的历史文化资源保护、更新和活化利用可以有效推动乡村振兴。而历史文化村镇保护预警研究可为历史文化村镇的合理保护和科学管理提供依据，也是实现可持续发展的重要保障。为此本章首先对天津现有的历史文化名镇名村，传统村落及其它历史建筑遗存较为丰富、有较为完整的历史传统风貌、发生过重要历史事件或有重要产业文化特色的村镇进行了调研，分析天津历史文化村镇形成的影响因素，梳理其历史文化特色和主要类型，然后在充分了解其文化特色的基础上，构建适合天津地方特色且行之有效的保护预警指标体系，并进行实证研究。

5.1 天津历史文化村镇形成影响因素及发展特征

5.1.1 漕运文化因素

天津拥有良好的地形、气候等自然环境因素，凭借区域内众多的河流以及滨海的对外交通区位，伴随着京杭大运河的开凿与疏通，成为物资沟通的主要通道，在漕运中成为了北方的传输要地和河海航运枢纽。天津市历史文化村镇如杨柳青、葛沽等的形成和发展都受到运河的影响。

5.1.2 海洋文化因素

天津地区紧邻渤海，深受我国北方海洋文化的影响。一方面，依托自然资源优势，沿海地带逐渐形成了海洋渔业和制盐业村镇；另一方面，天津依托良好的地理区位，从唐代开始逐渐成为联系陆运、河运与海运的重要中转地，形成商贸村镇。

天津的传统民俗也体现出受海洋文化的影响。沿海地区居民和渔民同国内其它临海地区的人们一样崇尚妈祖。大直沽、小直沽在元代就建造有天妃庙，用来祈求航海安全。随着各种祭祀酬神活动的开展，整个临海地区类似的祭祀庙宇如娘娘庙、龙王庙、海潮寺等逐步盛行起来。葛沽的妈祖祈福、葛沽花卉等传统民俗活动至今仍吸引大量民众积极参与。

5.1.3 军事防御文化因素

天津是我国军事防御要地，北部蓟州区山区自古就是边防军事重镇，先秦时期即筑有燕长城，唐代作为北方军事重镇的渔阳（即现在的蓟州区）常有重兵把守，明代形成了由边墙、墩台、烽燧火池、寨堡组成的比较完整的防御体系。中部沿海河地区从宋辽对峙时期就设置有军事营寨，在北京建都以后，天津成为海上进京的咽喉，三岔河口设有天津卫及相关营所。东部沿海河入海口地区，在清末为了抵御外敌入侵，以设置大沽炮台等方式建立了海上防御体系。近代，袁世凯为在小站练兵，设置了军营和军备设施。天津作为首都的门户，一方面保障海防，一方面拱卫京畿，从军屯、卫所等军事据点逐步发展成为军事型村镇。

5.1.4 皇家文化因素

皇家文化因素主要体现在蓟州地区。一方面因清代皇帝东巡及祭祖活动会途经蓟州区，因此修建多处行宫，如盘山的静寄山庄等。另一方面因良好的自然环境和交通条件，区内相继修建若干皇子陵墓，如在蓟州区的马伸桥镇、下营镇以及孙各庄满族乡等地保存有若干皇家陵寝，守陵人为祭祀及保护陵寝，在附近世代居住。天津市蓟州区是除北京、承德之外皇家文化遗存最为丰富的地区，形成一批皇家文化类型村镇。

5.1.5 民间传统文化因素

天津因漕运及屯兵的原因，居民构成复杂，大运河不仅带来各类物资，还带来了各地文化，在天津经过漫长历史发展、融合，形成了包含民间艺术、风俗习惯、传统工艺等独具特色的地方传统文化。天津的传统文化生活气息浓厚，涉及婚丧嫁娶、曲艺娱乐、手工技艺、地方小吃等日常生活活动，是历史文化村镇重要的文化特色。

5.1.6 近代发展因素

天津的城镇建设与发展受到近代历史发展的影响，传统文化与租界文化并存，城镇空间中同时有以老城厢为代表的传统城市街区和以五大道、意大利风情区为代表的展现异国建筑风貌的租界区。近代的很多重大历史事件在天津发生，遗留众多的历史建筑、名人故居和革命遗迹，为天津的城镇空间特色增添了更多人文文化内涵。近现代建筑遗存的形式丰富多样、数量较多，成为天津城镇空间的主要特色。近代工业的发展也影响到了近郊区，工业制造、港口和铁路的建设对周边村镇产生巨大影响，形成了近现代类型的村镇及其它特色村镇。如近代制盐、制碱工业多集中在塘沽、汉沽一带。新中国成立后，天津近郊区的杨柳青发展了机械工业，咸水沽镇以发展仪表、轻工业为主。

5.2 天津历史文化村镇类型划分

天津市域内历史文化特色鲜明的村镇可以按照其主导文化要素和历史发展脉络分为商贸集镇型、海洋渔业型、军事特色型、皇家文化型、近现代特色型、其它特色型几种主要类型（表5-4）。

表5-4 天津历史文化村镇类型划分

类型	名称	所属区	类型
中国历史文化名镇	杨柳青镇	西青	商贸集镇
中国历史文化名村 中国传统村落	西井峪村	蓟州	其它特色（传统民居）
天津市历史文化名镇	葛沽镇	津南	商贸集镇
天津市历史文化名镇	独流镇	静海	商贸集镇
天津市历史文化名村	果香峪村	蓟州	皇家文化
天津市历史文化名村	中营村	蓟州	军事特色
天津市历史文化名村	老米店村	武清	其它特色（特殊地形及村庄肌理）
中国传统村落	黄崖关村	蓟州	军事特色
中国传统村落	陈塘庄村	宝坻	其它特色
中国传统村落	六街村	西青	其它特色
其它具有历史文化特色的村镇	小辛码头村	宝坻	商贸集镇
其它具有历史文化特色的村镇	河西务镇	武清	商贸集镇
其它具有历史文化特色的村镇	丰台镇	宁河	商贸集镇
其它具有历史文化特色的村镇	唐官屯镇	静海	商贸集镇
其它具有历史文化特色的村镇	宜兴埠镇	北辰	商贸集镇
其它具有历史文化特色的村镇	大神堂村	滨海新区	海洋渔业
其它具有历史文化特色的村镇	当城村	西青	军事特色

续表

类型	名称	所属区	类型
其它具有历史文化特色的村镇	小站镇	津南	军事特色
其它具有历史文化特色的村镇	西泥沽村	津南	军事特色
其它具有历史文化特色的村镇	隆福寺村	蓟州	皇家文化
其它具有历史文化特色的村镇	小穿芳峪村	蓟州	其它特色（传统民居）
其它具有历史文化特色的村镇	官场村	蓟州	其它特色（传统民居）
其它具有历史文化特色的村镇	陈家口村	宝坻	其它特色（名人旧居）
其它具有历史文化特色的村镇	小靳庄村	宝坻区	其它特色（文革时期村庄格局、民间诗词）
其它具有历史文化特色的村镇	敖嘴村	武清	其它特色（历史名人）
其它具有历史文化特色的村镇	盆罐庄村	宁河	其它特色（传统制陶技艺）
其它具有历史文化特色的村镇	西钓台村	静海	其它特色
其它具有历史文化特色的村镇	天穆村	北辰	其它特色（民族特色）
其它具有历史文化特色的村镇	精武镇	西青	其它特色（名人旧居）
其它具有历史文化特色的村镇	崔庄村	滨海新区	其它特色（传统产业）

5.2.1 商贸集镇型

天津的漕运发展最初由军事需要开始，之后成为沟通南北物资的主要通道。商贩大多聚集在运河两侧的狭长地带，依靠漕运极大地促进了城镇商贸的发展，商贸集镇也因此成了货物运输的重要码头。在空间分布上，商贸集镇多位于河道附近，集中在静海、西青、武清、津南几个区县，规模适中，其空间形制随河道变化而发展，并不固定。整体格局多为鱼骨状的街坊形式，主要干道与运河相连，居住院落垂直于主干道，河道周边码头密集[152]。

作为商贸集镇的典型，葛沽镇地处河海末端，历史上是著名的水旱码头，也是天津著名的货物集散地。利用漕运的优势，人们大多选择船业作为谋生的方式。现状葛沽镇整体空间格局与街巷体系保存较好，北部临河地带仍然保留有传统的夯土住宅及青砖宅院。独流镇也是依运河漕运兴起的商贸集镇的代表。独流老醋为我国三大名醋之一，制作工艺驰名中外。独流镇街巷格局保存较好，拥有多处清代民宅、义和团“天下第一团总坛口”遗址、平安水会旧址、独流木桥等不可移动文物。

5.2.2 海洋渔业型

渔村是渔民聚居的村庄。天津渔村集中在东部滨海新区的临海区域，属于渤海湾海域，海域宽广，日照充足。由于这一区域地势平坦，满足晒盐日照足和雨水少的要求，所以天津的渔村同时具有“且渔且盐”的特点，与海岸、盐田相交分布。天津渔村大多采用鱼骨状路网结构，纵向干道基本与海岸垂直，规模大小不一，院落横向排列，各排间有水洼，其后逐步发展或被填实成为居民后院场地，或被新的居民院落填充。村庄通常在临海一侧设有港口或码头，其它三面被盐田包围，由主要干道与外部相联系，后因为海岸线变化以及渔业发展，部分村庄完全被盐田包围，失去捕鱼的职能。目前，天津仅剩的一个渔村大神堂村位于滨海新区北部滨海，体现天津沿海渔业文化与渔村风貌特色，其现状格局保存比较完整，但建筑风貌一般，过境高速严重破坏村庄的整体性[152]。

5.2.3 军事特色型

天津历史上向来都是军事重地，各个时期均建有多处卫所和营寨。随着历史的发展，高等级的卫所发展成为城镇，而营寨多演变成为村庄。宋辽时代，共设立了16个军寨，其中有9个军事据点位于现在的天津境内。这些军寨是天津早期的军事建置，不少名字一致沿用至今，有的遗址尚存，大部分军寨都已发展成了现在的村庄，独流和双港逐步演化成了天津的两个镇[152]。例如，西青区的当城村位于西青新城西部、运河南段，历史悠久。当城是北宋时重要的抗辽军事营寨，现状村庄是在宋代军事营寨的基址高台上逐渐扩大形成的，村庄肌理保持较好，街巷胡同平行于子牙河布置，是由军事营寨演变成村的典型代表。

元代天津设卫后，同样设置有屯堡，包括唐官屯、陈官屯、大王庄、杨柳青、张家井、郑塘庄、双港、新庄、咸水沽、葛沽、郝家沽、大沽等。此类屯堡规模较大，现状除了已纳入城区外，基本上都成了镇。明代实行卫所制，除了蓟州区北部长城沿线外，其它均伴随运河管理而形成，位于大运河河道附近[152]。

清末，中日甲午战争之后，袁世凯奉旨在天津小站“新建陆军”。小站镇附近的现状前营、后营、中营、正营、南副营、东右营等地，都是清末北洋新军驻地的营房，因规模较小，相继形成了村庄。蓟州区中营村是由明代戍边营寨演变成村的典型代表，村落呈长方形，呈现棋盘式的街巷格局特色。从空间布局特点来看，蓟州区内的军寨演化而来的村落，一般遵循“背山靠水”的选址原则，村落与外部的联系主要依靠一条主路，院落有机分布，纵向拼接较多，基本朝南，随着周边环境稍有变化。运河沿线的官屯衍化成的村庄，位于运河一侧，因考虑防灾要求，距离河道有一定距离，村庄大多呈带状，主要干道与河道垂直。

5.2.4 皇家文化型

清代皇家守陵村是皇家守陵文化的代表，在天津仅出现在北部蓟州区山区内。由于清代诸多王爷葬于此地后，为祭祀和保护陵寝，派守陵人世代定居于此。现状中蓟州区马伸桥镇、孙各庄满族乡等地分布着清代园寝，地理位置上紧靠清东陵，与清东陵相互依存。守陵村镇一般位于园寝南侧或者西南侧，村庄中有主要的直接道路可以通往陵墓，便于守陵，村庄沿道路两侧而逐步兴建、扩大，院落沿道路横向连接。

蓟州区果香峪村是以守陵人故居和清代民居为特色的村庄。村落型制规整，现状保留了鱼骨状空间格局，南北向的主要街巷道路直接通向北陵。院墙使用石块垒砌，风格统一，极具当地特色。民居建筑形式朴素，由木构架与石块、青砖组成。目前村内尚保留多处格局完整的民居院落与建筑。

5.2.5 其它特色型

天津市域内还有其它一些在地域文化、村庄格局、传统工艺等方面具有鲜明特色的村镇。例如蓟州区西井峪村用页岩、白云岩等当地石材垒砌房屋、院墙，体现北方山区石头民居特色及独特工艺。宝坻区霍各庄乡的陈家口村，以名人旧居为特色，体现北方平原地区村庄典型特征，村庄环境良好，街巷格局清晰。老米店位于武清新城南部、运河西岸，元代建村，处于龙凤河和北运河两河交汇处，地理位置较为特殊，曾作为漕粮转运的临时站口。现村庄以清代形成的“两河夹一堤”的独特景观为基础，形成“鱼骨状”的街巷肌理，即一条主路纵穿全村，内部街巷垂直于主路横向分布，形成村庄肌理特色，是运河沿岸村庄的典型代表。

5.3 天津历史文化村镇调研对象保护现状

本书涉及的调研对象包括国家及天津市级历史文化名镇、国家级及天津市级历史文化名村，以及其它历史建筑遗存较为丰富，有较为完整的历史传统风貌、发生过重要历史事件或有重要的产业文化特色的村镇。其中杨柳青镇、葛沽镇和西井峪村是天津市历史文化特色最鲜明的村镇，所以主要针对这三者保护现状进行调研分析。

5.3.1 国家级历史文化名镇——杨柳青镇历史文化保护现状分析

杨柳青镇是一座千年古镇，具有悠久的历史文化传承，“宋景德至元丰年间（1004—1085年），黄河决口北流，境内形成‘三角淀’（东淀），境内河道在此汇流东下，得名‘流口’。宋兵沿界河（今大清河）建立‘河泺防线’，遍植莳柳，此为东端，杨柳密布，又名‘柳口’。金代贞祐二年（1214年）置‘柳口镇’，为杨柳青行政建置之始”。元代至正三年（1343年），文人揭奚斯游历至此，因赋《杨柳青谣》得名“杨柳青”[153]。

杨柳青自宋代形成聚落，初见渔猎、采菱者星聚。元代始有军民屯田，元末顺帝失政，民多南逃避难，来此者有高、宋两姓。明代永乐二年（1404年）山西移民充实北京，又有周、梁两户入境。永乐十八年（1420年）明室迁都北京，军民随迁，境内又增董、乔、尚三姓，其后百年间，来者日众。自北方运河改造、京杭大运河开通后，漕运乃兴，境内船户益多。约自嘉靖初年（1522年）后，杨柳青逐渐成为商贾云集，货来八方之地，形成三街六市，民以船业、商业为最。发展到清代中叶，杨柳青跃为津沽繁华重镇，成为京杭大运河的重要码头，和南北物资交流的重要集散地，杨柳青年画闻名于世，画业兴盛[153]。清末“赶大营”的历史又使杨柳青在中国近代史上留下了浓重的一笔。

杨柳青镇具有悠久的运河文化、大院文化、年画文化，是以北方民居、民俗和民间艺术为特色的运河古镇，南运河是杨柳青镇的文化之源，素以民风淳朴、风光秀丽、商业发达、文化昌盛而闻名。杨柳青镇现有世界文化遗产1处，全国重点文物保护单位2处，市级文物保护单位6处，较为完整的历史街区1处，国家级非物质文化遗产2项。

杨柳青镇一直比较重视旅游发展，其自然生态型旅游资源和文化旅游资源丰富。境内有子牙河、中亭河、南运河流过，是首批原国家环保总局命名的“全国环境优美乡镇”之一，还在2007年荣获中国人居环境范例奖。杨柳青镇还被天津市政府定为民俗文化旅游区，后又陆续荣获“中国魅力文化传承名镇”“中国历史文化名镇”“最美特色小城镇50强”“中国民间文化艺术之乡”“国家卫生乡镇”等称号。

（1）历史价值与风貌特色

杨柳青镇在历史上是运河沿岸的重要码头，也是当时举世闻名的客、货、物流集散地；历史上也曾经是平津战役天津前线军事指挥机关驻地，保存有多处文物古迹。传统民居是杨柳青镇的主要文化载体之一，现保留了较为集中的传统风貌街区，以“南北交融”的清代民居建筑风格而著称，街巷体系与空间尺度保存较好。石家大院为清代民居建筑群，运河南岸为保存完好的清末民初风貌建筑区，其建筑格局与艺术装饰均体现出中国传统的建筑营造技艺，反映出当时的民俗文化。民间艺术是杨柳青镇的主要文化载体之一，主要有杨柳青木板年画、杨柳青剪纸、风筝、民间花会、砖雕等，其中以杨柳青木板年画最为著名。

（2）保护现状与周边环境

杨柳青核心保护区内有石家大院、安氏祠堂、安家大院等文物建筑，保护区内的建筑在进行修缮及复原的过程中，维持其原有形态、结构、风貌不变，最大限度地还原其历史本真面貌。在杨柳青镇，仅石家大院就有建筑面积2960平方米，再加上平津战役天津前线指挥部、文昌阁、杨柳青旧火车站，还有5.5公顷风貌建筑区内的大量传统民居，如安氏祠堂和安家、周家、董家、刘家、曹家、周家等大院，总建筑面积达到15000多平方米。

杨柳青镇还有一项世界文化遗产——南运河。自1999年以来，相关单位以继承和弘扬历史文化为重点，以石家大院为核心，对周边环境进行了综合治理，形成了运河沿岸的民俗文化区，再现了古镇商业繁荣、文化兴盛、民俗浓郁的盛景；并对运河两岸景观进行整治，建成了长达4公里的南运河沿河景观带。

（3）历史文化遗存

杨柳青镇的历史文化遗存包含文物保护建筑、非物质文化遗产、传统民俗活动、诗词艺文、乡贤名宦等几个方面。

杨柳青境内的名胜古迹众多，京杭大运河2014年被列为世界文化遗产，最为典型的是以石家大院为代表的文物保护单位和传统民居建筑群，包括安家大院、安氏家祠、董家大院以及大量传统民居等，还有文昌阁、崇文书院、准提庵、普亮宝塔等传统建构筑物遗址，平津战役天津前线指挥部、杨柳青火车站等近代历史建筑遗址，其中全国重点文物保护单位2处，市级文物保护单位6处。

① 主要文物保护单位

a. 京杭大运河——世界文化遗产、全国重点文物保护单位

京杭大运河其中南运河段流经杨柳青境内，总长8.5公里。南运河原是东汉建安十一年（206年）曹操开凿的平虏渠的一部分；金章宗太和五年（1205年）改凿运河，开始成为漕运要道；元代其成为京杭大运河的一段。杨柳青是京杭大运河的重要码头，是南北物资交流的集散地之一。沿线原有渡口等设施，今皆废弃。京杭大运河是世界文化遗产，也是中国重要的文化遗产廊道，南运河自然景观和历史文脉和谐共生（图5-1、图5-2）。

图5-1　南运河景观（来源：自摄）

图5-2　南运河两岸（来源：自摄）

b. 石家大院——全国重点文物保护单位

石家大院位于杨柳青镇估衣街47号，始建于清光绪元年（1875年），占地7500平方米，总建筑面积约2960平方米。大院坐北朝南，正中设大门（图5-3），后有影壁、门厅，再后为箭道，沟通东西两院。东院有三进院落；西院建戏楼、寿堂和佛堂；西院以西又外跨一小院。各座建筑砖雕纹样繁缛，戏楼木雕古朴典雅（图5-4）。石家大院的布局和分区明确，用材考究，工艺精细，是天津“四合套”大型宅第的代表作，也是石氏家族乃至天津“八大家”兴衰历史的缩影。1987年，石家大院保护性修缮复原工作开始。1991年8月，其被天津市人民政府批准为天津市文物保护单位并对外开放。1991年，在其址成立天津杨柳青博物馆，设有杨柳青砖雕、婚俗、花会道具、轿车、槽船等陈列。

图5-3 石家大院正门入口（来源：自摄）

图5-4 石家大院戏楼（来源：自摄）

c. 平津战役天津前线指挥部——市级文物保护单位

平津战役天津前线指挥部旧址陈列馆坐落在杨柳青镇十一街药王庙东大街4号，是一处具有重大意义的革命遗址，也是重要的爱国主义教育基地。指挥部旧址原为“戴家钱铺”，院落坐北朝南，占地面积280平方米，为典型的北方四合院，院东南角设门和影壁，建筑皆为青砖灰瓦、硬山顶、抬梁式屋架。

天津解放后，指挥部旧址即被当地政府加以保护，长期空闲搁置；1966年进行了简单支撑加固和维修；1980年将全院房舍按当年的原貌进行复原，部分房屋进行了翻建；1984年设立平津战役天津前线指挥部旧址陈列馆。

d. 文昌阁——市级文物保护单位

文昌阁位于杨柳青镇十六街和平南大街5号，坐落在南运河南岸，始建于明万历四年（1576年）。文昌阁院落占地2009.4平方米。院内古建筑仅存文昌阁。文昌阁是砖木结构的楼阁式建筑，六边形，三层，通高15米，每层出檐，有楼梯可通顶层，结构灵巧，造型优美。光绪四年（1878年），邑人刘光先、石元俊等在文昌阁院内创立崇文书院[153]。文昌阁有杨柳青“三宗宝”之美称，是历史上杨柳青十景之一——“魁阁蒙雨”的物质载体，还是明、清时代杨柳青镇的文化和民俗活动中心。1965年9月、1984年7月、1999年9月分别进行过修缮，1991年定为天津市文物保护单位（图5-5、图5-6）。

e. 安氏祠堂——市级文物保护单位

安氏祠堂位于杨柳青镇估衣街施医局胡同2号。安氏为杨柳青“八大家”之一，光绪年间因经商致富。

祠堂原为宅院，据传始建于康熙五十九年（1720年）。杨柳青“赶大营第一人”安文忠即在此出生、成长。据《安氏家祠碑记》记载，1934年改建为安氏祠

图5-5　文昌阁旧貌
（来源：天津市西青区地方志编修委员会编著.西青区志.天津：天津科学技术出版社，2003）

图5-6　修复后的文昌阁
（来源：自摄）

堂，后几易其主。

祠堂占地800多平方米，建筑由南北两座院落构成，均为四合院式布局，中间由穿堂联结。其中主体建筑面阔五间，抬梁式，设有东西厢房，采用硬山人字脊，为典型的清代建筑风格，保存完好，有《安氏家祠记》碑和安端章墓碑各一通，2002年对该建筑进行了大规模修复（图5-7、图5-8）。

图5-7　安氏祠堂大门（来源：自摄）

图5-8　安氏祠堂内院（来源：自摄）

安氏祠堂为天津市文物保护单位，现为杨柳青年画馆，发扬并宣传民俗年画艺术，对外营业开放。

f.安家大院——市级文物保护单位

安家大院与石家大院一路之隔，坐落在富豪聚集的杨柳青镇估衣街北，始建于同治年间，系杨柳青“赶大营第一人”安文忠的宅邸。安家大院由三个院落组成，前院八间北房（通面阔近30米，为杨柳青之首）和东西厢房；后院隔成两院，各三间北房和东西厢房，占地近两亩。院内有房屋30余间，砖木结构，外墙磨砖对缝，屋顶为木椽青砖望板，小式硬山做法，厢房为民国园券式风格，正门楼等处砖雕较好，院中清代金银库和“文革”时期的战备地道均保存完好，整个大院占地约1117平方米，目前已被辟杨柳青藏珍馆（图5-9、图5-10）。安家大院和安氏祠堂是杨柳青“赶大营”的重要实物见证。

图5-9　安家大院入口（来源：自摄）

图5-10　安家大院内院入口（来源：自摄）

g.董家大院——市级文物保护单位

董家大院位于杨柳青镇中心猪市大街18号，始建于光绪三年（1877年），占地面积1200平方米，建筑面积686平方米，为两路两进四合院建筑，中间箭道将整个院落划分为东西两部分，箭道开设四个便门，连接各个院落。每个院落根据主人身份的不同，采用不同的装修，其中东侧第二进四合院等级最高。

2006年9月对董家大院东侧第二进院进行修缮，作“杨柳青砖雕博物馆”使用。

h.杨柳青旧火车站——市级文物保护单位

杨柳青旧火车站坐落于杨柳青镇北的子牙河南岸，1912年津浦铁路竣工时建造，占地面积575平方米，砖混二层日耳曼式建筑，山花、檐口瓦件等局部具有中国装饰风格，两坡顶，开老虎窗，屋檐用粗壮的枋木承挑，屋面盖红色筒板瓦。

杨柳青旧火车站建成后使用至1983年，后在其东侧建新站，旧站废弃至今。现由京浦铁路北京机务段负责管理。

杨柳青旧火车站完整地保存了旧日津浦铁路车站的原貌，是中国近代铁路发展的历史见证，对研究津浦铁路的历史有较高的学术价值。

i.普亮宝塔——西青区区级文物保护单位

普亮宝塔坐落于杨柳青镇十六街津杨公路北侧，嘉庆八年（1803年）为纪念于公（于成功，道号普亮）而建，1985年重修。通高12.5米，塔基六角形，边长1.75米，座上为覆钵形塔身，正面嵌“普亮宝塔”砖刻横额，覆钵上建七层相轮，刹安摩尼宝珠。塔身从第二层起每层设有一个假门，塔身正面嵌砖刻横匾“普亮宝塔”，上款为“大清嘉庆庆岁次癸亥年”，下款为“甲寅月壬寅日丙午时圆寂”，塔后有于公坟墓和后人修缮碑。

j.准提庵——西青区区级文物保护单位

准提庵位于杨柳青镇拾叁街利民大街14号，康熙年间（1662—1722年）建，占地面积376平方米，俗称“十八手菩萨庙”，由供奉十八手准提菩萨而得名，原为杨柳青大族董氏住宅，后捐施为庙，为一进四合院，原有大殿、配殿已拆除，现仅保留有山门，面阔三间，进深一间，硬山人字脊，磨砖对缝，坐北朝南，门墩已换，民国二十五年（1936年）被用作杨柳青大同水局使用，新中国成立后，民间胜舞老会在此处聚会，现有村民在此居住。

② 历史风貌街区

随着漕运的发展，杨柳青因水兴镇，沿河成带，成为京杭大运河的重要码头。南运河上曾经舟楫云集，岸边杨柳青青、店铺林立。沿线原有渡口等设施，今已废弃。由于受城市化和现代化的影响，京杭大运河沿岸历史环境的真实性和完整性受到很大破坏，而杨柳青镇南运河北岸，还保留有一片完整的历史街区，即以石家大院等为代表的历史风貌建筑区，真实地反映了运河的历史环境，对京杭大运河申报世界文化遗产的成功具有重要的意义。

杨柳青历史街巷大多还保留有原来的格局，传达的历史信息较为完整。街巷空间内的围墙、石阶、铺地、砖雕、木雕、石雕等历史环境要素保存完好，具有浓厚的地域文化特色。

猪市大街和估衣街都是杨柳青最具代表性的老街巷，东西向，与南运河大致平行。施医局胡同、曹家胡同、人平实胡同、董家实胡同、和平实胡同、乔家疙瘩胡同、杜家实胡同都是南北向，自西向东依次布置，其中只有曹家胡同、乔家疙瘩胡同沟通猪市大街和估衣街，其它胡同都是尽端式街巷。

南运河，镇域范围内约8.5公里。以镇区为界，上下两段的沿岸景观较为自然，镇区段较为人工化。

猪市大街，长约250米，形成于明末，在历史上是杨柳青的主要商业街。宽度多在4米以上，因设猪市而得名。

估衣街，长约247米，形成于明末，宽度约4米左右，历史上曾是杨柳青的主要商业街。其中，估衣街东段（76米）的风貌还非常完整。

施医局胡同，长约50米，形成于清代嘉庆年间，早名金和成胡同。至光绪末年（1908年），胡同内住户安文忠在南巷口设施医局，改今名。宽约2～3米。

曹家胡同，长约120米，形成于明末。宽约3米，曹姓居此多而得名。

人平实胡同，长约74米，宽约2米，南与估衣街相交，尽端式胡同。

董家实胡同，长约45米，宽约2.5米，南与估衣街相交，尽端式胡同。

和平实胡同，长约70米，宽约1.5米，南与估衣街相交，尽端式胡同。

乔家疙瘩胡同，长约150米，形成于明末，宽约2～3米。因乔姓居此最多，且胡同多弯，多拐角疙瘩，故名。

杜家实胡同，长约50米，宽约2米，南与估衣街相交，尽端式胡同。

总体看来，杨柳青民居以北方常见的四合院或三合院为基本单位，但在总体布局、结构和装修方面都有许多特色。大家宅第多是“四合套”布局，正中设门，进门之后是胡同式的箭道，以此作交通线，沟通东、西两院，两院不对称布局。建筑色调和装修以青色为主，内外檐不用彩画，注重外檐砖雕和内檐木刻。平民住宅以三合院居多，在墙面都设有防碱结构。

院落按规模划分，有四进院1个、三进院4个、二进院12个；按建筑现状划分，有修复好的2个、较好的18个、一般的19个、基本改变的10个、破损以及全部改建的124个。其中，董家大院、周家大院、安家大院、安氏祠堂、曹家大院规模较大、保存较好；刘家大院虽已拆除，但具备复建条件。

具有地方特色的安家、董家、刘家、曹家、周家等大院比邻，猪市大家、估衣街、乔家疙瘩等街巷穿错，古树名木、围墙、石阶、砖雕、木雕、石雕等历史环境要素保存完好。

杨柳青镇内有古树名木12棵，其中9棵位于镇区，3棵位于镇域范围内。另外还有百年老藤1株，位于安家大院内。

③ 非物质文化遗产

杨柳青在数百年的发展历程中，以运河文化为载体，融合各地民风民俗，形成了独具特色的民俗文化，给后人留下了许多宝贵的物质和精神财富。它们不仅是我国众多历史文化遗产中不可分割的一部分，也是杨柳青文化资源的重要组成部分。杨柳青镇富于地方特色的非物质文化遗产主要有杨柳青年画、风筝、剪纸和雕塑等。

a.杨柳青木版年画——国家级非物质文化遗产

杨柳青木版年画是中国三大木版年画之一，与“风筝魏”“泥人张”并称为天津民间工艺三绝。2006年，杨柳青木版年画被国务院列入第一批国家级非物质文化遗产名录。

杨柳青木版年画起源于明代，清乾隆、嘉庆年间（1736—1820年）达到全盛。当时，杨柳青有着“家家能点染，户户善丹青”的画乡美称。

杨柳青木版年画与人们大众日常生活联系紧密，题材也多取自人们熟悉喜爱的民间传说、历史故事、戏曲人物或山水花鸟。传统年画当中最广为人们熟知的，莫过于那个“体态丰腴、神采奕奕”“手持莲花，紧抱着通红的大鲤鱼”的娃娃，因其含有“人丁兴旺，丰盛有余”的美好寓意，又贴近大众审美，故深受人们喜爱。杨柳青年画吸收了明代木刻版画、工艺美术、戏剧舞台的形式，采用木版套印和手工彩绘相结合的方法，创立了自己鲜明活泼、喜气吉祥、富有感染力的独特风格，为世人所瞩目。

b.津门法鼓（香塔音乐法鼓）——国家级非物质文化遗产

津门法鼓始于400年前，在清康熙、乾隆时期最为兴盛，常常是用来庆祝丰收、庆贺新年以及在各种节庆、年会、庙会上演出的娱乐项目。后经历了战乱和“文革”，天津的法鼓会所剩无几，但其中西青区的一支法鼓会得以幸存，就是杨柳青十四街的一道香塔音乐法鼓会，又称“香塔老会”。2014年，津门法鼓（香塔音乐法鼓）被列为第四批国家级非物质文化遗产代表性项目。

香塔老会前身为香塔善事，始建于明代，是一个民间花会组织，因以木塔为道具而得名。初期是用“香”堆成塔的造型，后来是在白布上画一个塔，都因不能延年使用，就改为用木料制成塔形木架并装上灯笼，点燃蜡烛，照为塔影。清乾隆年间，杨柳青西头曹家园“安爷”，用纯正木料制成木塔造型，从此木制塔成为香塔老会的形象道具。

香塔老会表演形式为法鼓、吹奏和唱念音乐，所用乐器有鼓、钹、管子、笙、笛子、云锣等，后又添加了茶挑等道具，丰富了表演内容。香塔老会的音乐一般有法鼓乐、吹奏乐、唱念乐，在特殊的活动中三乐合一。演奏的曲目包括《张公赶子》《三番清吹》等40余首[154]。

c.杨柳青剪纸——天津市非物质文化遗产

图5-11 剪纸艺术（来源：自摄）

杨柳青剪纸原为早年家庭妇女闲暇之作，多用于家居装点或烘托节庆气氛，前者有窗花、刺绣花样子等，后者有天津地区特有的吊钱和喜花。剪纸艺术体现出劳动人民的聪明智慧和心灵手巧，后来随着杨柳青人口的增多、经济的繁荣，又因人们对剪纸的喜爱，使其逐渐转化为商品，因此也就开始出现了专业的剪纸艺人。杨柳青剪纸的题材和审美深受杨柳青年画的影响，具有独特的风格（图5-11）。

d. 天津风筝

杨柳青"天津风筝"至今已有百余年的历史。以"风筝魏"魏元泰为代表的天津风筝，用料大多以真丝和纯纸做面，骨架则选用轻而结实、质地细密、节长、弹性大的毛竹；再加以冷暖色对比的着色手法，使其造型美观、色彩典雅且飞行平稳；放飞之时结实美观，形成了天空中的独特风景；若作为室内装饰摆设，又极具观赏价值，体现出民间匠人的高超技艺和艺术水平。魏记风筝在1914年的巴拿马万国博览会上荣获金奖，天津风筝魏制作技艺在2008年被列入第二批国家级非物质文化遗产名录。魏元泰的后人在传承风筝制作技艺的同时，还帮助杨柳青镇建起了天津风筝厂，使产品声名远扬，远销国内外，还为当地人民创造了物质财富。

e. 砖雕

砖雕是以青砖为基本材料的一种雕刻艺术，是中国古代建筑装饰的一种常见形式。明清以来，随着砖在建筑中的广泛应用，砖雕艺术技艺得到了发展。

杨柳青砖雕大都用于当地民居的门楼、影壁、山墙以及房屋的突出部位。砖雕构图饱满、雕刻精美、形象生动、高雅细腻，其技法浮透结合、古朴大方，多以吉祥如意及佛道伦理为主要表现内容，并且深受杨柳青木板年画追求精美的影响，形成了具有浓郁地方特色的杨柳青砖雕艺术（图5-12、图5-13）。

西青区文物局于1991年开始，对散落于民间的砖雕作品进行了广泛的收集和整理，并在杨柳青博物馆设立了杨柳青砖雕陈列展室。现藏展品大多为清代或民国初期的作品。

f. 赶大营

"赶大营"最早出现在清同治七年（1868年），于光绪元年（1875年）逐渐兴

图5-12 砖雕艺术（1）（来源：自摄）

图5-13 砖雕艺术（2）（来源：自摄）

起并形成规模，在光绪十年（1884年）后发展至全盛时期，后受到抗日战争影响逐渐衰退。同治时期，中亚和沙俄入侵，新疆陷入严重的危机之中。光绪元年，时任陕甘总督的左宗棠西征平叛，1877年收复全疆。天津地区尤其是杨柳青，受连年战乱饥荒影响，民众困苦不堪，不得以纷纷肩挑扁担追随西征大军沿途做些小生意以求谋生。因为主要是为军队提供日常用品，要随军队不断向西迁移，所以称之为“赶西大营”，简称“赶大营”。

光绪三年战争结束至光绪十年，随军贩售的杨柳青货郎改营坐商，逐渐发迹吸引更多的贫困民众赴疆经商，形成规模庞大的天津赶大营商帮，俗称“津帮”，当时在新疆各地有“三千货郎满天山”之说，遍布新疆各大中城镇，在商会中占绝对优势。仅以乌鲁木齐为例，从清末民初到20世纪40年代初，由杨柳青人经营的商贸活动占到当地九成以上，乌鲁木齐因此得以“小杨柳青”之称。在这场开发西北边疆的先驱性行动中，共约3000余户至少1.5万杨柳青人移民新疆，深刻影响了新疆的历史发展进程。“大营客”促进了当地以及杨柳青乃至天津的经济繁荣，成为新疆近代商业发展的奠基者；同时促进了文化融合，增进了民族团结，进一步巩固了边防。

“赶大营”是中国历史上一次成功的大规模自发移民，是杨柳青人的壮举。它成功地开辟了从渤海之滨到天山南北的商贸大通道，并使久已尘封的“丝绸之路”东段重新恢复了活力，是中国近代商贸史上的奇迹，在西北地区留下了一道绚丽的经济和人文风景线[153]。

g. 诗词艺文

杨柳青依水建镇、因水兴镇，自古就有“北国江南”或“小扬州”之美誉。可以说，南运河是杨柳青最具有代表性的景观资源，与杨柳青有关的文化现象也多数与之有关。

南运河上舟楫云集，岸边杨柳青青、市瑞廛繁，历代多有名士到此游历，如金人元好问，元人揭傒斯，明人瞿祐、谢迁、于慎行、吴承恩，清人高广懋、汪楫、于豹文、查曦、查礼、管干珍、汪沆、沈峻、永瑆、查彬、崔旭、蒋诗、沈光、樊彬、华长卿、梅宝璐、杨映昶、华鼎元、英廉、姚世徕、徐大镛、周馥、史梦兰、周宝善等都有感而发，留下了脍炙人口的诗篇，或盛赞此地风情，或抒发个人情怀。如元好问“杨柳青青沟水流”、吴承恩“谁向高楼横玉笛”、查礼“万顷桃花千柳树”、沈峻“杨柳桃花三千里”等为千年胜迹增添了神采[153]。

h. 乡贤名宦

杨柳青人杰地灵，良才济济。元末太学生高居宝在杨柳青首设私塾，奠定了此地在明、清两代塾学的基础。光绪四年（1878年）创建的崇文书院经过山长高善观和后人们的努力，培养出刘学谦、杜彤等30余名进士、举人、秀才。在“赶大营”中经商发迹的安文忠等名士不忘家乡父老，屡有慈善之举。杨柳青年画画师闫美人等为杨柳青年画锦上添花。迁居杨柳青镇的第一代西医邵灵洲为诸多患者解除病痛。这些教育、文化、科技、艺术等领域的乡贤名宦是杨柳青镇的宝贵财富，也是重要的文化遗产[153]。

此外，作为津沽重镇，杨柳青在一定程度上承袭了天津老城的社会生活。如咸丰初年（1851年以后）天津有了“八大家”的说法，与此相应，自光绪四年（1878年）起，杨柳青也有了“八大家”的说法。

i. 传统节日

富于地方特色的传统节日主要有皇会、农历四月庙会和祈雨日等。天津皇会在农历三月二十三日，为天后诞辰，杨柳青地区的民间花会会专程前往助兴。农历四月是杨柳青镇庙会集中的月份，包括四月初八报恩寺（后改为运河南佛爷庙）、初十白塔寺、十五柳仙堂、十七至十八泰山行宫、二十三至二十八药王庙等。祈雨日在农历五月十三，因俗传关老爷磨刀主风雨，故于当日在关帝庙设坛祈雨。

花会活动大多与年节有关，并且多由富户人家或工商业主捐助，新中国成立后多由政府出资操办。参与花会的人员均系业余爱好者，具有自娱自乐的特点。杨柳青历史上比较有影响的民间花会有扫垫会、太狮老会、高跷会、秧歌、旱船、小车会、辘轴会、少林会、龙灯舞、中幡会、耍坛会、节节高（又名重阁）、鹤龄、小莲花落、香塔会、大乐、跨鼓、法鼓、文武戏法、花篮会、吉祥娃娃等二十多种。

花会上街表演称作“走会”，走会时各道花会的排列次序有一定的规矩，必须行列整齐、有条不紊，一般是“开路头、千里眼、顺风耳、太狮尾”。杨柳青传统节日的花会至今仍很红火，加之镇外各村的花会有来镇上会演的惯例，因此每逢重大节日都要热闹几天。

（4）聚落与自然环境

清道光年间出版的《津门保甲图说》中，有4幅图像显示了杨柳青镇区当时的聚落与自然环境，经清末民初的不断扩建演变，杨柳青镇最终形成镇区16街（村）的格局，并基本延续至今[153]。自然环境主体是流经镇区的南运河和镇北的子牙河。南运河现状基本完整，经近年改造，生态环境质量较好；子牙河还保留有完整的自然风貌。历史风貌建筑区的核心保护范围与南运河关系较为完整、和谐。

杨柳青以环境立镇，以文化兴镇，是国家级卫生乡镇、全国首批环境优美乡镇。镇区绿树成荫，南运河景观带水绿相映。镇北的绿色生态区环境清幽，森林葱郁，有天津闻名的森林公园、林木环映的生态平衡村——大柳滩，是古镇的天然氧吧和亮丽风景带。

（5）空间格局

据《杨柳青镇志》记载，杨柳青民间兴办一种社会消防组织称为“水局”，起源于清代乾隆年间的“支更水会”。到光绪末年，杨柳青镇共建有水局18家。杨柳青居民一向饮用南运河水。民国十八年（1929年）杨柳青镇居民周玉奎等，开凿洋井16眼，井深32丈余，每小时出水百担。杨柳青解放前，杨柳青镇大寺胡同南口建有一条排水明沟。旧时，杨柳青镇南以南运河为天然屏障，镇东、西、北三面环村镇筑有土城墙城门和护城河，以御匪患进镇骚扰。杨柳青解放后，将城墙拆除[153]。根据传统风水学说与实践，河流附近文昌阁类建筑的兴建目的一般都会以风水观念为依据，杨柳青文昌阁也应该如此。天津传统民居有修建地下金银库的习惯，杨柳青镇区内现存的安家大院和平津战役前线指挥部均有实例。杨柳青古镇的空间布局体现出我国传统建筑选址和规划布局的经典理论，同时也考虑到消防、防盗、防御、给排水等特殊功能。

杨柳青镇文物古迹等历史资源丰富，空间格局目前较为完整。南运河杨柳青段基本保持了原有的历史走向，且基本保留了传统的河道格局。南运河北岸还保留有一片完整的历史街区，即以石家大院、董家大院以及其周围的一些以院落为代表的历史风貌建筑区，真实地反映了运河的历史环境。街区中以院落式建筑为主，体现北方典型的四合院式民居特色。行列式建筑与围合式建筑穿插其中布置，较好地保留了历史风貌。猪市大街、估衣街及施医局胡同等历史街巷大多还保留有原来的格局，对原有街道空间结构的改变较小。杨柳青镇空间格局依然体现着北方沿河古镇的特点，街道肌理表现为沿运河生长的“方格网式”结构，能够反映其传统规划理念和建造技术。

（6）保护机构

经西青区政府批准，杨柳青镇成立了由镇委书记任主任，镇长任副主任的保护办公室，成员单位有杨柳青镇人民政府、文化局、建委、规划局、土地分局、综合执法局、环卫局、环保局、房管局等机构。其中，文物保护单位主要由西青区文保所负责日常管理。

（7）文化遗产的保护与利用情况

各个文物保护单位的日常维修和保养都在有效地进行，保护和管理都基本符合《中华人民共和国文物保护法》关于“四有”的规定，有专门的保护资金。另外，坚持“保护为主、抢救第一、合理利用、加强管理”的文物工作方针，在保护的前提下，采取合理措施发挥文物的社会价值，以取得保护与利用的可持续发展。如石家大院目前已被辟为杨柳青博物馆，安氏祠堂被辟为杨柳青年画馆，安家大院被辟为杨柳青藏珍馆，等等。

由此可见，杨柳青镇拥有丰富的历史文化资源，同时拥有区位和经济优势。其历史文化风貌保护相对较好，以石家大院为代表的独具地域文化特色的大院区，建筑及古城肌理都保存地较完整，能够反映一定的传统建造技术和规划理念；南运河杨柳青段基本保持了原有的历史走向，虽然两侧堤岸经过人工化的处理，但两岸的古树苗木及整体生态环境得到了一定的保护，基本上保留了传统的河道格局和历史风貌；另外，平津战役天津前线指挥部等重要史迹的传统格局和风貌亦得到了比较有效的保护，具有很强的完整性和延续性。杨柳青年画作为中国三大木版年画之一，其制作技艺得到了延续和传承，那些穿插于大院周边的年画生产、展示、销售活动，配以流经大院附近的南运河，浑然天成地再现了当年的场景，使杨柳青年画更加增色；具有杨柳青地域文化民俗特色的文化旅游节，集中北方民俗年俗和古镇特色的文化活动在春节等节假日期间相继登场亮相，主要包括开幕式、体现民间特色的杂耍表演、元宵佳节秧歌花会表演、大规模灯展、焰火晚会以及堂会表演、书画摄影或民间剪纸艺术品展览、风筝放飞表演、民间音乐吹奏会等，能让国内外游客充分领略千年古镇魅力四射的民俗文化，与当地群众过一个纯正地道、乡土气息浓郁的“民俗年”。该文化旅游节以其独有已成为天津乃至国内春节、元宵等节庆活动中的一大亮点和知名品牌。

但是，在杨柳青古镇核心区周边，一些比较重要的界面依然影响了传统的历史风貌，一些居民在修缮房屋时，加大原有建筑的体量，运用与历史环境不相符的现代材料，这是对古镇风貌保护工作的极大挑战，亟须整治。目前，与历史上那种“家家绿柳在门前”“树色郁然”的景观风貌尚有差距。此外，一些仿古建筑群缺乏吸引力，缺乏特色商业活动，同质化严重。一些小规模的年画生产、销售活动，在市场的驱动下有泛滥之势，这些小作坊的产品缺乏创新，作品雷同，降低了杨柳青年画的品质。未来，杨柳青镇应当是在政府部门的引导、扶持下，建设一批质量高、规模大、实力强的大型年画生产企业，并打通一条稳定的产销渠道，使杨柳青年画在更大范围内打响自己的品牌；进一步对大院文化、运河文化等加以宣传，突出文旅产业特色，完善杨柳青古镇文化产业结构，将南运河作为实现文化传承和地方经济复兴的良性载体。

5.3.2 国家级历史文化名村——西井峪村历史文化保护现状分析

西井峪村位于天津市蓟州区府君山山麓，隶属于渔阳镇，2010年获批第五批中国历史文化名村，2012年获批第一批中国传统村落，整个保护区位于中上元古界国家地质公园范围内，南眺烟波浩渺的翠屏湖，北望悠悠长城，东临九龙山国家森林公园，西接巍峨的盘山。西井峪村西南距蓟州区的津围公路2.5公里。附近主要山峰有府君山、饽饽山等。

西井峪清代成村，四面群山环抱（图5-14、图5-15）。其名寓意西部山谷之中，现有三个居住点，共170户人家。整个村落坐落于石山之上，石山由拥有至少八亿年历史的地质石岩构成。“因石而生、因石而居”，村落整体依地形建造，建

图5-14 西井峪村群山环抱（1）（来源：自摄）

图5-15 西井峪村群山环抱（2）（来源：自摄）

筑高低起伏，村内建筑、围墙、街巷皆为距今十八至八亿年的地质石岩建造，风格古朴，是一座由石头打造的独具地方特色的“石头村”。历史上的西井峪是个农业村，主要种植玉米及杂粮，村民大部分为农民，民风淳朴，以手工艺和种植为生。

西井峪村是天津市域内知名度较高、规模较大、传统风貌保存较完整的历史村落，具有重要的历史、文化和艺术价值。近年来随着旅游业的发展，传统农家院和精品民宿的兴起，西井峪村更加重视村庄的特色建设，深入挖掘其文化内涵；在保持特色的同时，还与京津摄影界保持了良好的合作关系，成了远近闻名的摄影基地；又根据自身特点和历史遗存，恢复了十多个手工作坊，分别是皮影坊、草编坊、缝绣坊、老磨坊、泥塑坊，漏粉坊、豆腐坊、煎饼坊、菜干坊和饽饽坊等。在各种传统节庆时节，民俗活动丰富，游客村民欢聚一堂，体验民俗展示互动和传统工艺表演。

西井峪村的历史文化保护现状如下。

（1）文物保护单位

西井峪村位于蓟州区北部府君山山脚下，府君山风景优美，并有极深的文化渊源，明代山上修有府君庙，民国后山上原有的众多寺庙逐渐被毁。西井峪村有一处区级文物保护单位，名为“府君山文物遗址”，保护范围东起山上小停车场，西至府君山西峰，北起西井峪村北馍馍山，南至山前锁子岭。保护的主要内容有赵公塔、广成子殿、三官殿、文王殿、府君殿、关帝庙、玉皇阁等古建筑遗址。西井峪村拥有距今8亿年的世界罕有的地球岩层剖面万卷石书、太白洞、穿云洞、酸枣洞等。

府君山龙脉北起村后的饽饽山，南至山后的锁子岭，大部分在西井峪村范围内。沿山脊蜿蜒起伏有大量积石，呈条带状，通长2550米，当地人称之为“龙脊”。

府君山是蓟州区的依傍之山，或称“主山”“镇山”。从风水的意义上讲，是龙脉的聚结处，登至山顶，观察蓟州区与周围的山川形势，一目了然。府君山上现存人工堆砌的“龙脉”，旨在对固有的天然龙脉的强化和保护。古人认为，对挖掘而损伤的龙脉，借助于填埋等补修处置，可以使生气再行流畅。山上现存人工堆砌的“龙脉”为国内罕见，是研究我国古代城市建设思想的重要例证。

（2）优秀历史建筑

西井峪村内多为清末民初的老建筑，现存历史传统建筑占地面积7270平方米，石砌房屋约占现有建筑的2/3。村内的重要建筑物大部分保存完好，新中国成立以后的民居大部分也保留了原有的建筑风格，整体风貌完整，石砌建筑的风貌特色突出。村落原有的传统乡村环境氛围也基本上得到了保持，有很高的真实性和完整性。

西井峪村内现存的优秀历史建筑具有典型的北方山区民居特色。这些民居的依山而势，就势而来；建筑多硬山青瓦，从基石到屋顶，均为石砌，或砖石混做；建筑材料就地取材，石墙采用当地特色的片石，砌筑工艺以“干摆”为主，具有坚固、美观、实用的特点，特色鲜明（图5-16）。

西井峪村民居院落的平面形式多采用传统合院式建筑布局，院落规模受地形影响，平面布局也随之相应变化，一进式院落较多，院落内空间较为宽松。各房之间铺设石板路，旱厕、猪圈多设置在院落西南角，东南角则为放置农具的储藏空间，院中区域作为种植之用，多栽种蔬果花卉，部分院落有后院，用作柴房。

西井峪村内漏粉坊、豆腐坊、老磨坊等保存完好，可追溯于清末，建筑材料则采用片石，院落格局类似于普通民居（图5-17）。

图5-16　传统民居（来源：自摄）

图5-17　老磨坊外景（来源：自摄）

西井峪村历史传统建筑中有大量的富有特色的木雕、砖雕、灰塑、石雕，反映清末建筑匠人高超的技术与多姿多彩的工艺美术。西井峪村较具规模的宅院府第，建筑正面一般由水磨青石砌成，表面光润，砖缝细如发丝。建筑物屋檐下的封檐板、花窗则是精美的木雕作品，雕刻细腻传神。坚实而耐风化的石材在西井峪建筑中是经常使用的，那些井圈、抱鼓石、石狮、门框、墊台等用石雕成建筑构件，刀法浑朴自然、线条流畅、形态生动。

西井峪村内还拥有保存完好的石头场院、石头围墙、石头路面、石桌、石磨、古井等体现传统特色和典型特征的环境要素，更增添了传统乡村氛围（图5-18、图5-19）。

图5-18　石头场院（来源：自摄）

图5-19　石头围墙（来源：自摄）

图5-20　历史街巷（来源：自摄）

（3）历史街巷

西井峪村内街巷空间依地形地势，“远看像城堡，近看似迷宫”，街道格局保存完整，道路宽窄高低变化丰富，线型弯曲复杂，街面用石材铺就，两侧用石材砌墙，色调古朴，别具一格（图5-20）。传统街巷均形成于清末民初，因石材坚固耐久的特点，多条历史街巷保存较为完整、景观风貌连续。

（4）村落风貌完整性

西井峪村因四面环山似在井中并冠以方位而得名，这里群山环抱、绿树敝舍、景色别致，空气宜人，生态环境良好，古朴的石村风貌和醇厚的民俗民风交融。

西井峪石头村落的建筑群与周边地形地貌等自然环境和谐统一，民居依山而建，街道沿山体呈弧形，整体地势呈梯田式升高，与建筑结合，营造出层次丰富的空间感。村落周边为自然山野风光，村中有数株百年核桃树。“山-田-村-路”的景观风貌完整。虽然近年由于社会经济的发展，村落周围建有部分新住宅区，但对原有氛围没有太大的破坏，历史风貌保存度较好。街道、民居保持了民国时期的基本布局，街道两侧用当地石材砌筑石墙，形成了别具特色的石阶石巷；民居也都是使用当地石材砌筑而成的硬山建筑，以围合的传统院落式为三。院落形式统一，风格一致，分布相对集中。村落依勃勃山势而建，同时还具有消防、排水、给水方面的优势。

（5）空间格局及特色功能

西井峪村整体空间格局具有明显的山地自然特色，空间发展延续原有的空间肌理。居住空间为传统合院模式，多以一进式为主，院落空间布局严谨。以石材为主建成的建筑群落整体和谐、工整，街巷保留了原有的肌理和风貌。西井峪村村南面向翠屏湖，处于山环水抱的中央，村落的整体空间由南向北逐渐升高，充分考虑了采光与排水的需要，建筑绝大部分坐南向北，背倚青山，面迎翠屏湖吹来的习习暖风，整体布局符合中国传统风水理论，从选址和布局上充分考虑与自然山水的协调统一。

西井峪村特色还在于利用炕面发热进行室内保温，院落中间地下设存水水窖，有完善的管道给水系统。

（6）保护区历史真实性

西井峪村保护区内现存历史建筑占全部建筑面积的比例为14.0%，历史建筑群基本保持村落落成时的布局与形态，真实反映出历史信息及发展轨迹。

由于西井峪村远离城市，城镇化发展的压力相对较小，避免了建设性破坏，整体风貌相对保存较好。中后期建造的建筑较早期的全石材民居，差异主要表现在建造方式和建造材料上，建造材料随技术更新，由全石头建筑逐渐变为砖石混合、砖结构建筑。20世纪90年代，部分村民对自住砖石民居进行了加建，基本保持了传统院落形式，没有过多地影响历史建筑，整体上延续了村庄的历史价值，并保持了历史原真性和可读性。

（7）村落生活延续性

西井峪古村保护区面积约13.4公顷，房屋约170间，人口约500余人，大多为原住民，村落人口呈现缓慢增长趋势。

（8）非物质文化遗产

西井峪村村民至今仍保持着很多传统的风俗习惯，注重春节、元宵节、二月二、三月三、清明、浴佛节、鬼节、乞巧节、中秋节、冬至等传统民俗节日仪式活动，西井峪村居民还保有蓟州皮影、手工编织等传统技艺，是一个民俗文化资源丰富、地方特点浓厚的小山村。每年节日欢庆时节，民众集中于跃进广场进行蓟州皮影表演，由村民自发组织，自发观看。村落周边多山地，盛产番薯，漏粉是本村的主要手工艺项目。做饽饽、草料编织同样也是该村的重要手工艺项目。

由此可见，西井峪村这个具有北方山地特色的石头古村落，整体地保留了清末代民国初年建筑群体和村落环境，历史风貌保存完好；历史建筑类型和建筑装饰艺术类型丰富，与自然环境和谐统一，蕴藏着丰富的传统文化遗产，具有较高的历史、文化、科学和生态价值。

西井峪村组建了古民居保护组织和协调组织，并成立了渔阳镇西井峪村古民居管理委员会，专门负责此项工作，对该村历史风貌进行全方位保护。2015年，渔阳镇府同来自北京的九略旅游管理有限公司合作，委托九略来运营传统村落保护与乡村旅游产业复兴，引导村民协力保护和，共同活化乡村，同时积极进行宣传，向社会展示西井峪村全貌。

5.3.3 天津市历史文化名镇——葛沽镇历史文化保护现状分析

葛沽镇位于天津市津南区，为著名的“华北八大古镇”之一，地处海河南岸，镇内河道纵横，水系发达。由于其得天独厚的地理位置，很早就形成聚落，后加之漕运发展，居民多以船业为生。据《葛沽镇志》记载，“葛沽地区成陆后，因其北临海河，东临渤海而盛产鱼虾，约在1500年前的北魏时期就有人定居”。由于漕运的发展和兴起，金灭辽后，改燕京为中都，大批的漕粮集至天津地区，由此再转运至中都。金贞佑元年建立军事建制“直沽寨”，将漕运与军事结合。元朝时，漕运河海并重。自明代，起葛沽镇成为华北地区的水旱码头及贸易集散地，“明永乐年间葛沽开始形成现有建制，当时人们在原有水系的基础上调理疏浚成三条河流，犹如带状，号称‘水流三带’，为葛沽八景之一，后人又架木石桥梁九座，陆续修建庙宇18座，合称‘九桥十八庙’”。昔日庙会长年不断，热闹非凡。昔日的葛沽是水乡，放眼望去，湖、港、坑、塘星罗棋布，河、沟、渠、池纵横交织[155]。

葛沽镇被誉为“滨海新区的发源地”，沿海河一路向东，全面融入滨海新区，是海河南岸一颗璀璨的明珠。2003年，葛沽镇被文化部命名为“民间艺术之乡”称号。2007年，“葛沽宝辇会（妈祖祭典）”收录于天津市非物质文化遗产名录，2014年7月“葛沽宝辇会（妈祖祭典）”被列入第四批国家级非物质文化遗产代表性项目名录。2019年，文化和旅游部办公厅发布了《关于公示2018—2020年度“中国民间文化艺术之乡”名单的公告》。公告显示，葛沽镇因宝辇花会再度被命名为“中国民间文化艺术之乡”，这也是葛沽镇第四次获此殊荣。

（1）葛沽镇特色文化

① 妈祖文化

天津有浓郁的妈祖文化，葛沽镇是中国北方地区妈祖文化的发祥地。明永乐年间，当地富商与官府出面，在春节至元宵节期间，把海神娘娘（妈祖）塑像放入官轿，用人抬着沿街观灯，此举引得大批船民前来进香祷告，乞求海神娘娘保佑船民出行平安。葛沽天后宫建于明朝，修缮于清朝，1877年被李鸿章创建的“津东书院”占据，后又经战乱和“文革”破坏，致天后宫内的塑像大多残缺不全，1995年当地百姓在原地重修了“天后宫”，重新开始供奉天后（图5-21）。

葛沽镇祭祀妈祖的主要活动为宝辇花会。这是集中体现妈祖文化历史性、民俗性和艺术性的群众民俗活动。经过几百年的沿袭、创新与发展，20世纪初期，葛沽宝辇会形成八架凤辇、两座灯亭的格局（凤辇中供奉对象均为海神娘娘、送子娘娘、痘疹娘娘及泰山圣母等女性神灵）。加之会规缜密、曲仪考究、气势恢宏、场面壮观，葛沽宝辇成为名扬海外、世所罕见的民间花会艺术珍品。活动中，各个花会队伍围绕着装饰精美的“宝辇”进行舞龙灯、踩高跷、走旱船等丰富的民俗艺术表演，一方面通过天后娘娘宝辇巡游表达人们祈求平安、祈福吉祥的愿望，另一方面也是民间节庆特别是农历正月人民群众重要的娱乐活动（图5-22）。

图5-21　葛沽天后宫（来源：自摄）

图5-22　葛沽花会宝辇巡游（来源：自摄）

1987年，在天津市首届民间花会比赛中，葛沽宝辇会获得大赛继承奖。随着知名度的日益扩大，葛沽宝辇的影响已波及港、澳、台地区及东南亚等国家的华人界。近年来，每年春节都有一些葛沽籍的海外游子重返故里，一睹宝辇风采，以解思乡之渴。

② 移民文化

随着漕运的兴盛，明朝时葛沽流动性的行旅商贾也日益增多，很多外地移民蜂拥而至，到此落脚谋生。移民文化与葛沽原生文化的混杂和碰撞，南北交融，雅俗共存，形成了地域民俗文化的多元化和社会生活的多样化。

③ 漕运文化

葛沽地处海河尾，海河在这里画了一道美丽的弧线向东而去。葛沽镇早在宋朝就得到开发，元朝开通海运后成为航海着陆点，形成小村镇码头；明朝初期，这里漕船云集，是漕运线上的一个繁华地带，用于南粮北调、北盐南运。明清年间，沿顺河大街从东往西，码头众多，漕运码头、盐运码头、海运码头、鱼行码头、摆渡码头等呈现一派繁忙景象。因此，葛沽的民风、民俗深深受到漕运文化影响，传承至今。

④ 盐文化

葛沽曾经盐业兴旺。葛沽制盐历史悠久，自元代起兴建盐场，天津的六个盐场有两个设在葛沽，其中尤以元代丰财盐场声名远播，新中国成立后因区划变更逐渐消失。制盐工艺工序繁多，首先是刮滩土淋卤，包括挖盐土、挖坑、坑底铺席、盐土入坑、用海水浇坑内盐土；接下来是煎盐，包括将成卤放入平底浅锅，用火煎烧，随干随添，锅满时放入皂夹等，待结成盐出锅，清顺治时改煎盐为晒盐；然后是晒盐，包括挖土沟，沟旁筑晒池，从池内引入海水，经日晒后用耙扒起堆，用泥覆上，以待销售。

⑤ 书画艺术

葛沽镇文化底蕴深厚，书画艺术发展兴盛，明清时起陆续涌现出李振鳌，苏慕之等一代代文人墨客。清代的著名人士有苗氏三兄弟，“四翰林”刘石矼、康燮庭、张松堂、安如磐，以及王维珍、刘道原、任嘉莪等。著名画家代表有白清轩等。最后一位葛沽天后宫（娘娘庙）僧侣画家法号乘航，俗家名孙佩岚，卒于1971年，享年87岁。

（2）历史建筑

目前葛沽镇的文物古迹所剩甚少，“水流三带、九桥十八庙”的古镇风貌和“葛沽八景”已基本不复存。葛沽镇域内有天津市古海岸湿地重要组成部分——贝壳堤，镇区内历史建筑主要有津南区文物保护单位药王庙，以及天后宫、津东书院、郑家大院、苏家五号院、张家大院等明清传统民居遗存，还有一个供奉宝辇的宝辇茶棚等民间建筑（表5-5）。

葛沽镇老镇区内建筑大致分为三类：院落式建筑、行列式建筑和围合式建筑。其中院落式建筑又可以分为以张家大院为代表的合院式建筑和以郑家大院为代表的套院式建筑。合院式建筑的特点是用地规整，有独立院落，围合性好。而套院式与其略有不同，其建筑的特点是排列疏密有致，院落点缀其间，整体性较好。从整体上看，这三类建筑在尺度上差距不太大，但是其组合方式及个别建筑尺度与周围建筑的关系出现了一定程度的不协调。

表5-5　葛沽镇需要保护的历史建筑列表

序号	名称	类型	建造年代	保护级别	保存状况	占地面积（m^2）	建筑面积（m^2）	备注
1	药王庙	硬山	1874年	区级文物保护单位	文昌阁、佛爷庙毁于“文革”；药王庙于1999年在原址复建，并进行日常保养，防护加固		99	
2	天后宫			历史建筑	异地复建			
	长寿寺			历史建筑	异地复建			
	玉皇庙			历史建筑	异地复建			

续表

序号	名称	类型	建造年代	保护级别	保存状况	占地面积（m^2）	建筑面积（m^2）	备注
2	财神庙			历史建筑	异地复建			
3	郑家大院	砖木结构，横梁式，前廊后厦	清末民初	未核定区级文物保护单位	石雕、砖雕尚存，木雕毁损严重。葛沽镇政府正在对郑家大院进行积极修复	7055	3345	
4	张家大院			未核定区级文物保护单位	局部较为完整。门楼面向东方，上刻砖雕十分精致，至今仍保存完好	740	492	
5	苏家五号院			历史建筑	积极修复中			

续表

序号	名称	类型	建造年代	保护级别	保存状况	占地面积（m^2）	建筑面积（m^2）	备注
6	津东书院			历史建筑	积极修复中			
7	万字会			历史建筑	积极修复中			
8	阁前茶棚			历史建筑	已修复			
9	北茶棚			历史建筑	已修复			

（3）街巷空间

葛沽镇保护区紧邻海河，街道肌理沿运河生长，表现为“鱼骨式”和“棋盘式”结构相结合的方式。历史街道共18条，其中一类风貌保护道路2条：南大街、顺河大街；二类风貌保护道路1条：东大街；三类风貌保护道路有吉祥胡同、中大街、五星道、新道、复兴道、四平胡同、光明胡同、建国道、光明道、人民胡同、幸福胡同、向荣胡同、北大街；一般性保护道路2条：仓库胡同、东沟沿路。其中，南大街始建于清末，长度约1417米，为宝辇花会会道，沿街分布茶棚、商业店铺、民居住宅等，是葛沽古镇区主要道路，两侧建筑多为一层。东大街始建于清末，长度约591米，为宝辇花会会道，沿街分布茶棚，尚存“文革”时期民居等建筑，两侧建筑多为一层。根据宝辇花会活动需求，沿街界面的传统建筑形式、连续界面和完整性尚有保存。

葛沽镇老镇区内建筑拆除数量较多，原有的建筑肌理已被破坏，其街坊空间的肌理不够清晰，建筑肌理无明显特征，有些为院落式布局，有些为行列式布局，有些为院落式与行列式相结合的布局，有些为围合式与行列式相结合的布局。

（4）非物质文化遗产

葛沽镇的非物质文化遗产主要有宝辇花会和书画艺术（表5-6）。明清时期起，葛沽由于经济富庶，文化底蕴深厚，出现了一代又一代的文人墨客，如明末清初

表5-6　葛沽非物质文化遗产

序号	名称	年代	内容	所属类别	文字介绍	备注
1	葛沽宝辇花会（妈祖祭典）	1537年	大型妈祖祭祀活动	民俗	宝辇花会是在天津独特的地域文化中孕育而成的，主要以娱神、娱民为内容，以民间花会为载体，同时包含历史、民俗、艺术、信仰、商贸等多种文化内容的大型妈祖祭祀活动	2007年，收录于天津市首批非物质文化遗产名录，2014年7月，被列入第四批国家级非物质文化遗产代表性项目名录
2	书画艺术	乾隆年间		书画艺术	葛沽镇的书画文化底蕴深厚，历史上人才辈出，自乾隆时期开始至清末，一直延续“葛沽书法四大家”的评选活动，并成立葛沽书画社	

著名的儒士书法家李振鳌等。葛沽书画社最早成立于清代雍正十年，旧址在葛沽文昌庙内。改革开放后葛沽热爱文化艺术之人众多，2005年葛沽书画协会正式挂牌，书画社恢复活动，印制了《葛沽书画作品集》，并陆续开办了少年书画培训班，使书画社的精神得以传承。

（5）古树名木

葛沽镇有着一定数量的古树名木（表5-7）。

表5-7　古树名木

序号	名称	年代	树种类型	保存状况	柱径（m）	树高（m）	备注
1	国槐	350年	于豆科、蝶形花亚科乔木	较好	1.5	20	民俗中心院内
2	国槐	350年	于豆科、蝶形花亚科乔木	较好	1.0	10	民俗中心院内
3	国槐	350年	于豆科、蝶形花亚科乔木	较好	1.2	13	民俗中心院内
4	国槐	500年	于豆科、蝶形花亚科乔木	较好	1.8	20	中大街56号
5	白枣树	400年	灌木科木本		0.9	20	葛沽二村胡姓家中
6	白蜡树	90年	木犀科白蜡属植物		1.0	12	福海园小区内
7	椿树	100年	苦木科		1.2	14	房管站后居民院内

由此可见，葛沽镇内历史资源较为丰富，但是真正进行修复并已进行开发的历史资源却很少。目前葛沽古镇的历史风貌破坏较为严重，很多建筑与传统风貌保护不协调，宝辇花会时间局限性强，葛沽民俗文化主题公园尚未建设完成，历史文化资源的优势尚未得到充分展现。

5.4 天津历史文化村镇文化空间保护预警指标体系构建

在前期对天津历史文化村镇调研的基础上，针对村镇文化空间自身的特点，构建天津历史文化村镇文化空间保护预警体系，对杨柳青镇、葛沽镇和西井峪村的保护现状进行实证分析，为历史文化村镇的合理保护与发展，以及科学管理提供依据。

5.4.1 天津历史文化村镇文化空间保护预警指标的选择

文化空间本身包含有物质和非物质双重属性，又考虑到文化空间的现状和保护都会受到社会、经济、自然环境等的影响，因此在历史文化村镇保护预警过程中，我们针对文化空间自身的特征和天津历史文化村镇的典型价值特色、不同保护情况、数据获取的情况，在咨询相关专家的意见后，综合确定天津历史文化空间保护预警的指标体系，指标及其解释意义见表5-8。

表5-8 天津历史文化村镇文化空间保护预警指标体系

A层（评价层）	B层（准则层）	C层（方案层）	指标意义
天津历史文化村镇文化空间保护预警指标体系	B1物质空间文化场所要素保护	C1核心保护区历史建筑、文物保护单位及其周围环境用地面积占核心保护区全部用地面积比例	反映历史文化村镇核心保护区历史真实性
		C2历史街巷（河道）数量、总长度	反映历史文化村镇传统风貌和特色景观的主要视觉廊道——历史街巷（河道）保存状况，由保存形态完整和风貌连续的历史街巷（河道）数量和总长度来确定
		C3现有文化场所数量	反映现存的物质实体类文化场所的数量，反映历史文化村镇整体的文化保存度
		C4历史建筑和传统建筑风貌保存度	反映历史文化村镇传统文化的历史和传统建筑风貌保存情况
		C5传统空间格局保存度	反映聚落空间格局保存的完整程度以及在传统布局方面的功能和特色
		C6重要标志和象征保存度	反映历史文化村镇中对文化空间起着重要作用的标志物的保存情况
	B2非物质文化表现要素保护	C7当地拥有的具有地方特色的传统节日、传统手工艺和传统风俗的数量	反映历史文化村镇中特色传统民俗文化的保有程度和多样性
		C8传统文化传承人的数量	反映了对非物质文化遗产在场所中流传的程度，体现历史文化村镇传统文化的传承状况

续表

A层（评价层）	B层（准则层）	C层（方案层）	指标意义
天津历史文化村镇文化空间保护预警指标体系	B2非物质文化表现要素保护	C9传统文化的产业化比例	反映了历史文化村镇传统文化市场化、规模化程度
		C10核心保护区原住居民人口比例	反映历史文化村镇本地居民占村镇内部全部人口的比例，是本地文化传承的必要条件
		C11仍在当地流传的传统文化以及技艺的生活化程度	反映历史文化村镇传统文化的普及程度，流传越广，生命力越强
		C12原住民对本地文化的认同度	反映了原住民对本地文化内涵及价值的认识、理解和自豪度的标准
	B3社会经济环境背景要素	C13保护维修投入资金与旅游收入增长率的比值	反映了保护资金与旅游发展的比例关系
		C14当地居民年收入增长率与当地旅游收入增长率的比值	反映了旅游发展对提高当地居民生活水平的贡献度
		C15自然环境完整度	反映聚落与周围自然环境的关系，考虑自然环境完整性、生态环境质量、人工建筑物与自然环境的和谐程度
		C16社会对当地文化的认知度	反映社会对历史文化村镇传统文化内涵及价值的认识和理解度
		C17当地政府对本地文化的扶持度	反映政府主管部门对历史文化村镇传统文化传承和发展投入的资金占全部村镇建设资金的比例情况以及对相关文化产业发展制定的政策、措施情况
		C18保护机构的数量	反映历史文化村镇保护在机构层面上的保障情况。这些组织既包括政府部门专门设立的正式部门组织，也包括居民自发组建的非正式的群众组织

5.4.2 天津历史文化村镇文化空间保护预警指标的权重确定

下面采用层次分析法（AHP）来确定天津市历史文化村镇文化空间保护预警指标体系层次结构模型并确定各指标的权重。

（1）构建天津历史文化村镇文化空间保护预警指标体系的层次结构模型

结合天津历史文化村镇文化空间的自身特色和实际情况，建立文化空间保护预警指标体系层次结构模型，包括A目标层、B标准层、C方案层三层结构，如下图5-23所示。其中方案层包括18个指标，用C1-C18表示，具体含义见表5-8。

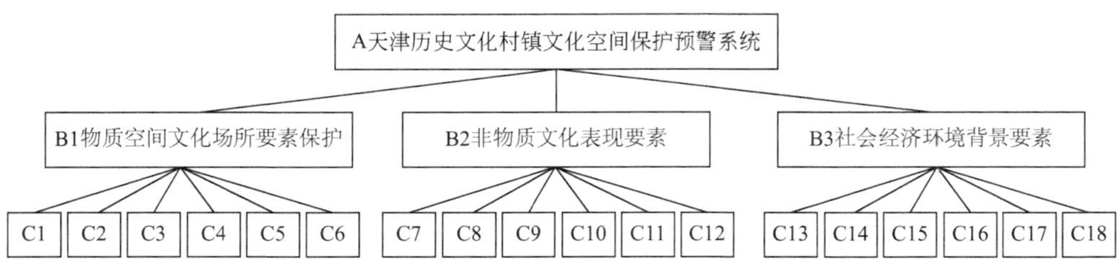

图5-23 天津历史文化村镇文化空间保护预警指标体系层次结构模型

（2）构造判断矩阵并计算权重

首先，向建筑学、城乡规划学、旅游学专业领域的专家、学者发放调查问卷18份，回收有效问卷15份。首先，相对于目标层的目标A，对准则层B的所有元素进行两两相对重要程度的比较，构造判断矩阵；经过层次单排序和判断矩阵的一致性检验后，计算出准则层B1、B2、B3对于目标层A的相对权重；B1、B2、B3分别表明物质空间文化场所要素、非物质文化表现要素、社会经济环境背景要素相对于保护预警系统的重要程度。然后，再相对于上一层次准则层B1、B2、B3，分别对方案层C1-C18所有元素再次进行两两相对重要程度的比较，构造判断矩阵；经过层次单排序、层次总排序和判断矩阵的一致性检验后，将B1、B2、B3的权重对C1-C18的相应权重加权求和，得到第三层方案层的组合权重，就可以确定C1-C18的所有指标分别对天津历史文化村镇文化空间保护预警系统的权重。

计算结果如下：

① A-B的判断矩阵及层次单排序如表5-9所示。

表5-9 天津历史文化村镇文化空间保护预警总权重

A	B1	B2	B3	*Wi*	排序
B1	1	1.3216	1.1528	0.3816	1
B2	0.7567	1	1.1019	0.3121	2
B3	0.8675	0.9075	1	0.3062	3

注：λ_{max}：3.0061，CI=0.00305，RI=0.58，CR=0.0058 < 0.10。

② B1-C的判断矩阵及层次单排序如表5-10所示。

表5-10　物质空间文化场所要素保护指标权重

B1	C1	C2	C3	C4	C5	C6	*Wi*	排序
C1	1	1.6835	1.3762	1.2389	0.8912	1.5327	0.2054	1
C2	0.594	1	1.2365	0.7879	0.6239	1.1227	0.1411	6
C3	0.7266	0.8087	1	0.8936	0.6528	1.2105	0.1417	4
C4	0.8072	1.2692	1.1191	1	1.2816	1.4327	0.1862	3
C5	1.1221	1.6028	1.5319	0.7803	1	1.2018	0.1935	2
C6	0.6524	0.8907	0.8261	0.698	0.8321	1	0.1321	5

注：λ_{max}：6.0533，CI=0.01066，RI=1.24，CR=0.0085 < 0.10。

③ B2-C的判断矩阵及层次单排序如表5-11所示。

表5-11　非物质文化表现要素保护指标权重

B2	C7	C8	C9	C10	C11	C12	*Wi*	排序
C7	1	1.2035	1.0832	0.9327	0.8326	0.6059	0.1532	4
C8	0.8309	1	0.8768	0.9736	0.6793	1.5562	0.1572	2
C9	0.9232	1.1405	1	2.0318	1.1385	1.7825	0.2113	1
C10	1.0722	1.0271	0.4922	1	1.2637	0.7827	0.1486	5
C11	1.2011	1.4721	0.8783	0.7913	1	1.2329	0.175	6
C12	1.6504	0.6426	0.561	1.2776	0.8111	1	0.1548	3

注：λ_{max}：6.1962，CI=0.03924，RI=1.24，CR=0.0311 < 0.10。

④ B3-C的判断矩阵及层次单排序如表5-12所示。

表5-12　社会经济环境背景要素指标权重

B3	C13	C14	C15	C16	C17	C18	*Wi*	排序
C13	1	1.8936	1.2827	1.2359	0.7836	2.2519	0.2166	1
C14	0.5281	1	1.3629	1.5826	0.9528	1.8927	0.1835	3
C15	0.7796	0.7337	1	0.9827	0.9316	1.6358	0.1556	4
C16	0.8091	0.6319	1.0176	1	0.8717	1.5382	0.151	5
C17	1.2762	1.0495	1.0734	1.1472	1	2.1678	0.1992	2
C18	0.4441	0.5283	0.6113	0.6501	0.4613	1	0.0941	6

注：λ_{max}：6.0857，CI=0.01714，RI=1.24，CR=0.0136 < 0.10。

⑤ 在单排序的基础上对方案层的指标进行总排序得到各个指标的权重（表5-13）。

表5-13 天津历史文化村镇文化空间保护预警体系各指标权重

A层（评价层）	B层（准则层）	权重	C层（方案层）	权重
天津历史文化村镇文化空间保护预警指标体系	B1物质空间文化场所要素保护	0.3816	C1核心保护区历史建筑、文物保护单位用地面积及周围环境占核心保护区全部用地面积比例	0.0784
			C2历史街巷（河道）数量、总长度	0.0538
			C3现有文化场所数量	0.0541
			C4历史建筑和传统建筑风貌保存度	0.071
			C5传统空间格局保存度	0.0738
			C6重要标志和象征保存度	0.0504
	B2非物质文化表现要素保护	0.3121	C7当地拥有的具有地方特色的传统节日、传统手工艺和传统风俗类型的数量	0.0478
			C8传统文化传承人的数量	0.0491
			C9传统文化的产业化比例	0.0659
			C10核心保护区原住居民人口比例	0.0464
			C11仍在当地流传的传统文化以及技艺的生活化程度	0.0546
			C12原住民对本地文化的认同度	0.0483
	B3社会经济环境背景要素	0.3062	C13保护维修投入资金与旅游收入增长率的比值	0.0663
			C14原住民年收入增长率与当地旅游收入增长率的比值	0.0562
			C15自然环境完整度	0.0477
			C16社会对当地文化的认知度	0.0462
			C17当地政府对本地文化的扶持度	0.061
			C18保护机构的数量	0.0288

5.4.3 天津历史文化村镇文化空间保护预警的警限、警区确定

（1）确定天津历史文化村镇文化空间保护预警客观性指标的警限与警区

由于天津历史文化村镇的文化空间保护预警体系中的指标有客观性的定量化指标，也有描述性的主观化指标，所以我们分别用不同的方法对客观性指标和主观性指标进行警限警限与警区的界定。

我们通过德尔菲法、系统优化法、问卷调查法和对天津历史文化村镇保护史发展变化的分析，来确定各项预警指标警限和警区的范围。具体方法是，通过德尔菲法向专家学者发放问卷，对其意见进行征询，收集到反馈意见后对调查问卷的数据进行收集、整理和统计分析，通过系统优化法，对各指标意见的数据计算均数和中位数，分别按少数原则、中数原则和均数原则进行综合分析，对专家的意见采用均值处理，最终再结合实际情况和各指标的具体特征进行调整划分（表5-14）。

表5-14　天津历史文化村镇文化空间保护预警客观性指标的警限与警区

预警指标	少数原则	中数原则	均数原则	专家意见	无警	轻警	中警	重警
C1核心保护区历史建筑、文物保护单位及其周围环境用地面积占核心保护区全部用地面积比例（%）	50	55	56	56.73	≥60	60-55	55-50	≤50
C2历史街巷（河道）数量、总长度	4	6	5	5	≥5	5-4	5-3	≤3
C3现有文化场所数量	5	7	6	6	≥6	6-5	5-3	≤3
C7当地拥有的具有地方特色的传统节日、传统手工艺和传统风俗的数量	6	5.1	5.8	6	≥6	6-5	5-3	≤3
C8传统文化传承人的数量	7	11	9	10	≥10	10-8	8-7	≤6
C9传统文化的产业化比例（%）	10.3	15.03	20.1	14.05	≥15	15-10	10-8	≤8
C10核心保护（%）区原住居民人口比例（%）	70	78	80	80	≥80	80-70	70-60	≤60
C13保护维修投入资金与旅游收入增长率的比值	0.75	0.70	0.85	0.8	≥1	0.80-1	0.7-0.8	≤0.7
C14原住民年收入增长率与当地旅游收入增长率的比值				0.8	≥0.70	0.7-0.5	0.5-0.2	≤0.2
C18保护机构的数量	1	3	4		≥7	5-7	3-5	≤3

在天津历史文化村镇文化空间保护预警体系指标的选择中，有一部分关于文化空间元素保护程度的主观感受指标是难以定量比较的，我们通过主观评价指标的量化转换法-语义差别法（SD），将其转化为具有量度性的定量化指标，然后再结合天津当地历史文化村镇的实际情况和各指标的具体特征来划分警限和警区（表5-15）。

表5-15　天津历史文化村镇文化空间保护预警主观性指标的警限与警区

预警指标	少数原则	中数原则	均数原则	专家意见	无警	轻警	中警	重警
C4历史建筑和传统建筑风貌保存度					历史和传统建筑（群）及其建筑细部乃至周边环境基本上原貌保存完好，结构、形态、质感、色彩、功能等无变化	历史和传统建筑（群）及其建筑细部乃至周边环境基本上原貌保存较好，结构、形态、质感、色彩、功能等有一定破损	历史和传统建筑（群）及其周边环境虽部分倒塌破坏，但"骨架"尚存，部分建筑细部亦保存完好。结构、形态、质感、色彩、功能等破损较重	因年代久远失修，历史和传统建筑（群）及周边环境严重倒塌破坏，结构、形态、质感、色彩、功能等破损严重
10分制	7	8.6	8.5	8.5	≥8.5	8.5-7.5	7.5-6	≤6
C5传统空间格局保存度					传统空间格局保存完整，能完整体现传统规划理念的空间布局和鲜明的规划特色	传统空间格局保存较为完整，对传统规划理念的空间布局和规划特色的体现一般	传统空间格局保存不够完整，传统规划理念和特色的体现不充分	传统空间格局保存不完整，空间布局和特色未能体现传统规划理念
10分制	6.8	7.5	7.8	8	≥8	8-7	7-6	≤6
C6重要标志和象征保存度					数量、位置、形态、质感、色彩等无变化	数量、位置不变，形态、质感、色彩等有一定变化	数量不变、部分位置变化，形态、质感、色彩等变化较大	数量减少，位置改变，形态、质感、色彩等变化很大

续表

预警指标	少数原则	中数原则	均数原则	专家意见	无警	轻警	中警	重警
10分制	7.5	7.8	8.1	8.5	≥8.5	8.5-7.5	7.5-6	≤6
C11仍在当地流传的传统文化以及技艺的生活化程度					在生活中流传广泛，有很多人还掌握这些技艺	在生活中流传较广泛，有部分人还掌握这些技艺	在生活中流传较广泛，掌握这些技艺人不多了	在生活中流传不广泛，掌握这些技艺的人不多了
10分制	7	7.5	7.8	8	≥8	8-7	7-6	≤6
C12原住民对本地文化的认同度					非常深刻	知道很多	知道一些	基本不了解
10分制	6.8	7.9	8	8	≥8	8-7	7-6	≤6
C15自然环境完整度					自然环境完整、优美，层次饱满丰富，保存很好，和建筑关系和谐	自然环境较为完整、层次比较完整，保存一般，和建筑关系一般	自然环境层次部分缺失，保存较差，和建筑关系不够协调	自然环境层次勉强尚存，和建筑关系不协调
10分制	7	7.5	8	8	≥8	8-7	7-6	≤6
C16社会对当地文化的认知度					知道很多，非常认同	有一定了解，很有好感	知道一点	不知道
10分制	7	7.6	8.1	8	≥8	8-7	7-6	≤6
C17当地政府对本地文化的扶持度					制定相关保护、开发政策，并投入相应资金	制定相关保护、开发政策，并投入部分资金	未制定相关保护、开发政策，有投入相应资金	未制定相关保护、开发政策，未投入相应资金
10分制	7.5	8.2	8.8	8.5	≥8.5	8.5-7.5	7.5-6	≤6

（2）确定天津历史文化村镇文化空间保护预警系统的警限、警区和警情

结合当地的实际情况和历史文化村镇的特色，根据经验数据，再通过专家意见的征询，将文化空间保护预警系统的警限依次确定为无警警限0.8、轻警警限0.6、中度警限为0.4。保护预警系统的无警警区为：1 > M ≥ 0.8，对应的警情信号为绿色牌；轻警警区为：0.8 > M ≥ 0.6，对应的警情信号为蓝色牌；中度警警区为：0.6 > M ≥ 0.4，对应的警情信号为黄色牌；重度警警区为：0.4 > M ≥ 0，对应的警情信号为红色牌。

根据对单项预警指标处理的不同方法，得到两种确定历史文化村镇文化空间保护预警系统警情的方法。

第一种，分别确定单项预警指标的警限、警度，然后结合各自权重得到保护预警系统的警情。

第二种，先消除各项指标量纲不一的情况，进行数据的无量纲化处理，可以利用对各单项指标进行极差标准化处理来消除量纲不一的影响，求得保护预警的标准指数，再结合之前各指标的权重来综合判定预警系统的警情。

① 警限判定法

将保护预警指标体系中的每个单项指标按照其警度进行赋值，赋值为警区对应的中间数值，即无警0.9、轻警0.7、中警为0.5、重警为0.2。将各单项预警指标的警度值分别与各自指标的权重相乘，分别得到杨柳青镇、西井峪村和葛沽镇保护预警各子系统和总系统的警度值，再将其对应不同的警限，判定历史文化村镇保护预警系统的警情状况（表5-16）。

表5-16　杨柳青镇、西井峪村和葛沽镇保护预警警度判定（警限判定法）

预警指标	杨柳青镇	葛沽镇	西井峪村
C1核心保护区历史建筑、文物保护单位及其周围环境用地面积占核心保护区全部用地面积比例	0.9	0.2	0.9
C2历史街巷（河道）数量、总长度	0.9	0.7	0.9
C3现有文化场所数量	0.9	0.5	0.9
C4历史建筑和传统建筑风貌保存度	0.7	0.2	0.7
C5传统空间格局保存度	0.9	0.5	0.9
C6重要标志和象征保存度	0.9	0.5	0.9
C7当地拥有的具有地方特色的传统节日、传统手工艺和传统风俗的数量	0.9	0.5	0.9

续表

预警指标	杨柳青镇	葛沽镇	西井峪村
C8传统文化传承人的数量	0.7	0.5	0.7
C9传统文化的产业化比例	0.7	0.2	0.7
C10核心保护区原住居民人口比例	0.7		0.9
C11仍在当地流传的传统文化以及技艺的生活化程度	0.7	0.5	0.7
C12原住民对本地文化的认同度	0.9	0.5	0.7
C13保护维修投入资金与旅游收入增长率的比值	0.7	0.5	0.7
C14原住民年收入增长率与当地旅游收入增长率的比值	0.7	0.5	0.7
C15自然环境完整度	0.7	0.5	0.9
C16社会对当地文化的认知度	0.9	0.5	0.7
C17当地政府对本地文化的扶持度	0.9	0.5	0.7
C18保护机构的数量	0.9	0.2	0.7
物质空间文化场所要素保护预警警度	0.5579	0.4276	0.5813
非物质文化表现要素保护预警警度	0.5628	0.4196	0.5517
社会经济环境要素预警警度	0.6019	0.4068	0.5519
文化空间保护预警系统警度	轻警	中警	轻警

② 综合指数法判定警情

需要先对各个单项预警指标进行极差标准化计算处理，消除量纲，求得预警指数。标准化处理的方法为用当前值减去最小值再除以最大值和最小值的差，然后将获得的各单项预警指标的标准化数值和对应权重相乘，得到保护预警各个指数和系统的预警指数值，即可判定对应的警情（表5-17）。

表5-17　杨柳青镇、西井峪村和葛沽镇保护预警精度判定（综合指数判定法）

预警指标	杨柳青镇	葛沽镇	西井峪村
C1核心保护区历史建筑、文物保护单位及其周围环境用地面积占核心保护区全部用地面积比例	0.8236	0.2351	0.8206
C2历史街巷（河道）数量、总长度	0.8143	0.7201	0.8063
C3现有文化场所数量	0.8716	0.5027	0.8605
C4历史建筑和传统建筑风貌保存度	0.7138	0.2013	0.7026
C5传统空间格局保存度	0.8615	0.4126	0.8018
C6重要标志和象征保存度	0.8926	0.5017	0.8672

续表

预警指标	杨柳青镇	葛沽镇	西井峪村
C7当地拥有的具有地方特色的传统节日、传统手工艺和传统风俗的数量	0.8629	0.5138	0.8892
C8传统文化传承人的数量	0.7033	0.4719	0.7026
C9传统文化的产业化比例	0.7018	0.2573	0.7063
C10核心保护区原住居民人口比例	0.7015	0.4026	0.9016
C11仍在当地流传的传统文化以及技艺的生活化程度	0.7319	0.3916	0.7291
C12原住民对当地文化的认同度	0.8016	0.3618	0.7692
C13保护维修投入资金与旅游收入增长率的比值	0.601	0.3189	0.8017
C14原住民年收入增长率与当地旅游收入增长率的比值	0.7015	0.3082	0.7906
C15自然环境完整度	0.7013	0.5012	0.8873
C16社会对当地文化的认知度	0.8819	0.4316	0.7958
C17当地政府对当地文化的扶持度	0.8039	0.4928	0.7039
C18保护机构的数量	0.8893	0.2132	0.7361
物质空间文化场所要素保护预警警度	0.5671	0.4232	0.5618
非物质文化表现要素保护预警警度	0.5713	0.4068	0.5312
社会经济环境要素预警警度	0.6003	0.40828	0.5326
文化空间保护预警系统警度	轻警	中警	轻警

通过两种预警方法得到的预警结果比较接近。从预警结果看，杨柳青镇和西井峪村为轻警，葛沽镇为中警。

杨柳青镇历史悠久，历史文化资源和自然生态资源均丰富，整体风貌保护情况良好。政府保护投入力度也比较大，宣传充分，文化传承情况也较好。作为国家级的历史文化名镇，杨柳青镇知名度较高，同时经济相对较发达，基础设施相对完善，其自身的优越条件导致政府更大程度地加大旅游业的开发。南运河北岸保存下来的以石家大院、安家大院等十几所清代和民国年间的民宅大院为主要文化依托的民俗文化旅游区，配套服务完善，旅游开发较为成熟，节庆期间活动丰富，吸引了众多游客，带来了丰厚的经济利益，为历史文化名镇的保护带来双赢。未来，可以进一步将杨柳青古镇的大院群落空间、运河文化特色与文化核心产业、文旅休闲产业及综合配套产业有机结合，将文化产业脉络浸入整个区域之中，力求将杨柳青镇及南运河段建设成京津冀区域内的重点文化旅游休闲场所、京杭大运河传统文化的重点展示窗口和建设美丽天津的新聚焦点。

葛沽镇曾经有众多名胜古迹，然而许多遗迹都未得到保存，造成葛沽镇内历史资源损失较大。遗留的名胜古迹基本集中在海河沿岸，只对个别历史古迹进行恢复、重修并对外开放，其余的历史古迹均没有进行修缮并开发成景点。葛沽镇的历史风貌和空间格局保护的情况严峻，街巷空间肌理已不够清晰，旅游发展状况处于初期发展阶段。虽然每年正月十五葛沽花会能吸引众多游客，但有其时效性，需要进一步提升保护力度，挖掘历史文化资源优势，激发其发展活力。

西井峪村被评为国家级历史文化名村，也是中国传统村落，是典型的具有北方山地特色的石头古村落。它的保护工作起步相对较晚，自发的民俗摄影活动让“世外桃源”般的西井峪逐渐进入公众视野。渔阳镇政府引入市场机制，吸引企业介入，政府、村民、企业多方协作，发挥民俗、乡村旅游的优势，关注村民需求，升级农产品，推进文化遗产保护，完善旅游配套设施，丰富村民的文化生活，并通过自媒体和主流媒体的宣传，成功地吸引人们去认识并关注西井峪。企业进行营销策划、规划设计和运营管理，同政府的行政管理和村民的内在动力结合，搭建起有效的治理平台，激发了西井裕村的发展活力，落实了历史文化村镇保护并有效促进乡村振兴。这种引入市场机制多方协作的发展模式，值得借鉴。

6

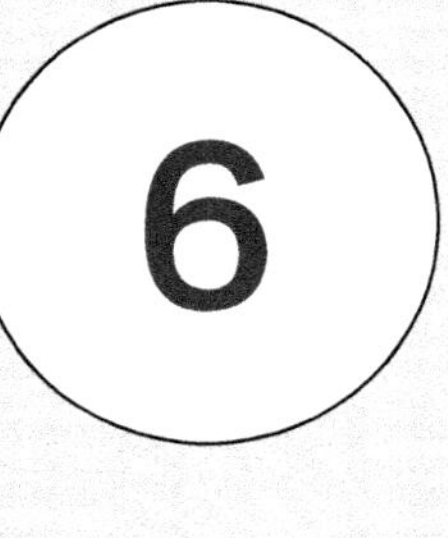

天津历史文化村镇文化保护与传承模式及策略

历史文化村镇的文化空间面临着两方面的问题，一方面是如何保护，一方面是如何传承。对于历史文化村镇的文化遗产，首先要务是保护，其次才是传承，即在保护的基础上合理开发与利用，这是一个起始与后生的关系。构建历史文化村镇保护预警也是为了制定一条保护“警戒线”，实现对文化空间的评价、监管以达到及时保护的目的。同时，传承又是文化不断生长的一个过程，使需要保护的文化空间变得更加“健康和强壮”，进而达到一种自循环的良性发展模式。

6.1 历史文化村镇文化保护的要素

对于历史文化村镇的保护涉及一切构成与反映其文化特质的要素，其中包括建筑空间、景观空间、文化现象几个主要方面。这些内容共同构成了历史文化村镇的文化空间系统。

建筑空间包含历史文化保护建筑、历史文化风貌建筑、历史文化街巷、院落等人工建造环境的物质要素，主要保护与留存其物质形象特征。景观空间包含自然生态空间景观和人工环境景观，与建筑空间相比，更强调构成要素的整体性以及环境营造的氛围与美感，更注重空间塑造的场所感。人文文化现象包含非物质文化遗产和民俗风情，关注人们的生产和生活活动及其所体现出来的个性特征。三种要素都是以既有的村镇空间为生长基础，或有交叉叠加的部分，却是以不同的形态、从不同的角度完整反映出一个地区的文化风貌，可以说缺一不可。

6.2 历史文化村镇文化保护及规划设计的原则

6.2.1 整体性原则

村镇文化要素各组成部分之间的有机结合构成了村镇文化空间系统，需要采用系统论的方法进行整体性保护，包括保护整体结构，建筑、街道、院落的相互关系，在保持历史文化村镇自身完整性的同时，强调其与区域文化的共通与融合。

村镇文化空间的规划是对各类型文化元素的整体规划，包括对于建筑的保护和改造、公共空间的环境塑造、服务和基础设施的完善以及产业布局和调整，涉及村镇的山水格局、聚落环境、场所建筑、农业生产、生态旅游等多角度，从而实现基于村镇可持续发展的整体风貌的规划设计和策划。

6.2.2 适宜性原则

历史文化村镇的保护与规划设计需要针对特定地域的现实环境，采取与之相适应的技术手段和方法，此即适宜性原则。

在规划时应充分考虑乡村现状、发展趋势和文化特色，并与历史文化保护等相关规划衔接。调查了解并分析各类物质遗产与人文资源，在规划中合理地取舍利用，因地制宜地进行改造与更新活动，可以降低造价、易于修缮，同时也更能反映出地域特色。

6.2.3 可识别性原则

地域性是形成可识别性空间意象的根本因素，因此，设计者要将自己放到地域当中，尊重地域文化和当地社区文化，站在原住民的角度来编制规划，挖掘文化现象背后的渊源，以传统乡村意象为空间形象之源，保护和利用空间中的不同要素、独特肌理，以保持地域的可识别性；赋予空间更实际、更贴近生活的功能，实现乡村空间生产性、生活性、生态性与艺术性的统一，以体现地域的可识别性。

6.2.4 经济性原则

村镇是社会结构中重要的经济单元，是传统农业经济发展的主要空间环境。农业经济是村镇发展的根本与基础，制约村镇农业经济发展的因素较多，包括自然条件、生产技术和耕作方式等。同时，在不同的社会经济发展背景下，对于资源利用的不同方式，也会造成不同的经济效果与特点。经济性原则是指农业经济的发展要在取得经济效益的同时兼顾生态效益、社会效益。

在村镇规划设计中，通过建立高效的产业生态系统，可改变原有落后、污染的农业经济现状和乡村面貌；在村镇的住宅规划、建设中，经济性体现在对用地的节约。充分利用现有的建设用地进行改造与建设，建筑要兼顾美观性与功能性，增加其耐久度和实用度。

近远期建设的相互协调，合理的开发时序，弹性规划，留有发展余地，慎重处理无法确定用地性质与规模的用地，可以较大程度地保持生态与文化的平衡性和可持续性，保障经济与生态、社会的协调发展。

6.3 天津历史文化村镇保护及规划设计策略

6.3.1 天津历史文化村镇建筑空间保护及规划设计策略

历史文化村镇的建筑空间是村镇文化的精髓，它既是村镇历史文化中的主体，又是历史文化的介质或载体。因此，对历史文化村镇建筑空间的保护，是村镇历史文化保护和发展的土壤与基础。

历史文化村镇建筑空间的保护内容主要包括村镇的整体环境、历史空间、功能特色以及建筑的保护。结合天津市历史文化村镇现状，可以从历史文化村镇的保护级别、村镇功能、类型空间三个层面分别进行分级、分类、分区域的保护与发展。

（1）基于村镇保护级别的分级保护

对于历史文化村镇保护等级的划分主要考虑其所包含的物质及非物质文化遗产的稀缺程度、完整程度、保存质量、规模数量等因素。

按照历史文化村镇级别划分标准，天津的历史文化村镇可以划分为国家级、市级历史文化村镇和有历史文化特色的村镇三个等级。可以从保护范围、生态环境、空间格局、建筑及高度景观控制等方面对不同级别的村镇提出保护内容与保护控制要求。

① 国家级历史文化名村、名镇保护内容与要求

a.划定保护范围

将国家级历史文化村镇中历史文化遗产相对集中的区域划定为核心保护区，同时为了确保核心保护区域内的风貌完整性，通常在其外围划定建设控制地带，对其范围内的建设活动进行严格控制。

b.生态环境保护

对国家级历史文化村镇依托的生态环境进行严格保护。

保护地形地貌、山林水系，控制对山区林木的砍伐，减少人工设施的建设，保护河流的自然生态系统，控制和管理生活污水排放，避免水体污染。

保护村镇内部自然环境，包括村镇内部的水体和空气质量、古树名木、乡土植被等自然环境要素。为保障村镇的发展空间，保护范围内禁止设置第二类以及第三类工业，已有的工业应逐步转型或搬迁。

c.空间保护格局

对历史文化村镇空间格局进行整体保护，维护村镇传统的空间尺度，严格控制原有街巷的尺度，在历史文化村镇核心保护范围内合理组织交通，鼓励步行交通。街道可以延续历史的原有名称，必要整修时采用原有的铺装材料和铺砌方式进行，将更有利于历史文化信息的保护与传递。

d.建筑保护

文物建筑——修缮。对于质量与风貌完好的文物保护单位，保持原样，不得翻建；对具有保护价值但损坏特别严重的建筑局部可按原样、用相同材料与技术修缮或复原重建，需对修复部位和结构进行标注说明。

历史建筑——改善。对保存质量较好的风貌建筑进行改善维护，保持其外观原貌，内部空间可适度改造以提升环境质量。

其它建筑——保留、整治。对于与村镇整体风貌协调一致的建筑物可予以保留。对于形式、风貌与村镇整体有冲突的建筑物应按照传统风貌和建筑形式进行整治，使其与整体环境协调一致，延续地方风貌与传统特色。

e.环境要素保护

保护历史文化村镇中反映历史、文化的重要环境要素，包括台基、院墙、埠头等元素。

f.高度控制与景观控制

高度控制应根据历史文化村镇遗存的文物保护单位、历史建筑、现存建筑、街道宽度、景观视线、开放空间、功能要求的不同特点进行确定。

保护范围内的文物保护单位以及历史建筑应维持其原有高度。

在核心保护范围内，文物保护单位和历史建筑周边的建筑物、构筑物高度不可超过文物保护单位和历史建筑主体建筑高度。

建设控制地带内，周边其它类建筑高度不可超过其主体建筑高度的1.5倍。

② 天津市历史文化名村、名镇保护内容与要求

天津市级历史文化名村、名镇与国家级历史文化名村、名镇在划定保护范围、生态环境保护以及环境要素保护几方面的要求一致，差异主要体现在空间格局的特色与完整性、建筑的历史价值与质量以及相应的高度控制与景观控制要求上。

a. 空间格局保护

对历史文化村镇空间格局进行整体保护。新设置的公共空间应充分考虑并体现现有空间肌理的特征，突出村镇风貌特色。维护村镇传统的街巷格局和空间尺度，保护特色街巷的形态和尺度，在历史文化村镇核心保护范围内合理组织交通，鼓励步行交通。

b. 建筑保护

文物建筑及历史建筑的保护和更新要求等同于国家级历史文化名村、名镇。

其它建筑——保留、改造和更新。对于与村镇整体风貌协调一致的建筑物可予以保留。对于形式、风貌与村镇整体有冲突的建筑物，按照传统风貌和建筑形式进行改造和更新，使其与整体环境协调一致，延续地方风貌与传统特色。

c. 高度控制与景观控制

高度控制根据历史文化村镇遗存的重要保护类建筑与整体空间景观进行确定。高度控制主要针对保护范围内的新建建筑、改建建筑、翻建建筑等建设活动。

保护范围内的文物保护单位以及历史建筑应维持其原有高度。

核心保护单位内，周边相邻其它类建筑不可超过文物保护单位和历史建筑主体建筑高度的1.5倍。

建设控制地带内，周边其它类建筑不可超过其主体建筑高度的2倍。

③ 天津市具有历史文化特色的村镇保护内容与要求

a. 生态环境保护

保护地形地貌、山林水系，控制对山区林木的砍伐，保护河流的自然生态系统，控制和管理生活污水排放，避免水体污染。

b. 空间格局保护

对历史文化村镇空间格局进行整体保护。

c. 建筑保护

整体不做建筑保护的要求，在突出村镇风貌特色的基础上，结合具体规划及实际情况对建筑采取保留、改建或拆除等处理方式。

d. 高度控制

保护范围内的文物保护单位以及历史建筑不得改变其原有高度。其它建筑根据村镇空间特色具体确定[152]。

（2）基于村镇功能类型的分类保护

历史文化村镇的功能类型是指按照村镇的主导功能对其进行分类。对天津历史文化村镇的功能分类，是基于历史脉络整理过程中所发现的天津村镇的风貌特色与其成因的密切联系。这里的主导功能是纵观历史文化村镇发展历程中，对其形成与发展起定性作用的因素，并不局限于当代或某个特定时期。鉴于此，在进行梳理后，总结出天津历史文化村镇的主要功能类型：商贸集镇型、海洋渔业型、军事特色型、皇家守陵村型、其它旅游型。

基于历史文化村镇功能的分类保护主要保护村镇主导功能的活动空间。对于军事特色村型、海洋渔业型、皇家守陵村型村镇等着重保护其有形或无形的历史遗存，以及如何在发展中延续和凸显原有的功能特色；对于商贸集镇型等其它功能的村镇，要在保护既有传统功能空间的同时，注重探索能够兼顾文化特色与经济效益的适宜的发展模式。

① 商贸集镇型历史文化村镇的保护与发展策略

天津漕运作为南北物资沟通的主要通道，聚集了大量商贩，促进了城镇商贸的发展，一些重要的货运码头也逐步发展成为商贸集镇。

商贸集镇多具备较好的交通及景观优势，已逐步形成产业发展良好、具备一定规模的城镇，因此可以根据自身经济及社会现状条件，在保护整体空间格局和自然景观的基础上，进一步深入挖掘其历史文化价值，引入相关业态功能，注重景观塑造，改善环境，完善公共服务设施。

② 海洋渔业型历史文化村镇的保护与发展策略

天津的自然及地理环境孕育出了渔村这一独具吸引力的历史文化村镇类型。作为渔民聚居的村庄，渔村文化体现在河道、海岸、盐田等自然环境中，体现在港口、码头等空间设施中，也体现在渔业生产、海鲜美食等生产生活活动中。垂钓、捕捞、海鲜等往往成为此类村镇主要的旅游项目，吸引着城市居民和外地游客前来体验。

大神堂村是天津唯一仍保持传统打鱼作业的渔村，展现出独特的沿海生活和沿海文化，现发展为以渔业为依托的市级特色旅游村。

对于海洋渔业型历史文化村镇，需要保护其整体空间格局以及港口、码头等生产设施用地，兼顾渔港的保护与利用；同时还要保有传统渔业、盐业生产的空间如水域、岸线、盐田以及相应的生产操作方式，保持其独特性，将传统捕鱼作为展示或体验活动，形成旅游开发的吸引点；注重渔村特色体现，维护、改善现有的物质空间环境，划分功能分区，设置餐饮区、体验区，减少旅客对原住民的影响，传统建筑可以用于历史文化展示或特色餐饮、住宿等。

③ 军事特色型历史文化村镇的保护与发展策略

天津大多数军事特色村镇并没有留存下来相关的军事设施，如小站镇营盘、操场等历史因素已不存在，村镇的历史价值主要体现在保留下来的空间肌理、道路格局、景观特色等。对于这类历史文化村镇，需要增加历史文化信息传递的途径，如在公共空间塑造中，通过景观小品、雕塑或街道家具的设计来体现历史文化信息。利用传统建筑开展军事文化、农业知识展示等活动，激活传统建筑活力。鼓励本地居民经营相关服务产业，提升村镇原居民的就业率和生活品质。

④ 皇家守陵村型历史文化村镇的保护与发展策略

守陵村镇仅存在于天津北部蓟州区山区内，数量较少，极具特殊性，是祭祀和保护清代王爷陵寝的守陵人世代居住的村庄。对于守陵村镇，一方面是要保护现有物质空间环境，包括周边自然环境、村庄肌理结构、民居院落、建筑空间等；另一方面，可结合周边良好的自然环境，建设旅游景区，开发周边文化旅游[152]。

⑤ 其它旅游型历史文化村镇保护与发展策略

大多数的旅游型历史文化村镇以历史文化遗存作为旅游产业的发展导向，缺少对历史遗产、乡村场景、产业体验多维度旅游资源的综合运用，缺乏对村镇个体社会、文化、经济条件的整体融合，旅游产品还处在较低级别的文化资源开发阶段。

对于旅游型历史文化村镇，在做好历史文化遗产保护工作的基础上，还可以从以下方面提升历史遗产旅游的体验感和效果：

突出旅游资源的独特性，打造文化资源的整体性。对既有的历史文化遗产进行梳理和整理，塑造立体丰满的文化影像。一方面保护历史遗存中建构筑物、街巷院落等空间要素；另一方面在新的空间规划中延续既有的肌理和风貌特色，并将无形的历史文化信息、地方风俗、手工技艺等融入景观环境的建设中，充分利用不同类型和形式的文化要素，使居民、开发者、游客建立起相同的文化认知，从而营造出具有明确文化特性的村镇形象。

建设与文化主体相符的配套服务设施，设计凸显文化特色的旅游副产品。除了满足旅游服务的一般性配套设施，还可结合村镇旅游文化资源的自身特色配置相关服务设施，如以自然景观资源为主的，配置游览及住宿设施，以建筑景观资源为主的，配置商业及文化设施，以民俗风情资源为主的，配置游乐及体验设施。旅游副产品包括地方特产及相关文化周边的开发，都应有意识地错位发展，对于同类型产品可以利用地区限定或季节限定等手段突出文化主体的差异性和特色，提升不同旅游村镇的竞争力，共同构成完整的旅游开发体系。

建立专业的旅游管理体系。建立相关的公共机构或引入商业机构，对旅游型文化村镇进行专业策划，制定经营及发展策略，提供更多本地就业机会，促进地方经济发展，反哺文化保护工作。

（3）基于村镇类型空间的分区域保护

村镇从本质上说是人类最初期和基本的生产生活单元，因其农业生产的性质和需求，和城市相比，与自然生态环境的联系更为密切。基于村镇运转所必须的各类功能，对村镇空间进行分析可以发现，几乎所有的村镇都会包含以下类型的空间。

聚落空间：同时涵盖生产与生活功能，包括所有配套设施的整体空间，在村镇发展历史中逐渐形成固定的形制、形态与结构，属于人工与自然环境的结合。

生态空间：村镇赖以生存的外部生态环境，属于自然环境。

居住空间：以居住建筑、院落为主构成的空间，属于人工环境。

生产空间：以农业生产为主的产业空间，属于人工与自然环境的结合。

公共空间：村镇中举行公共活动的空间，属于人工环境。

商业空间：村镇中的集市或商业街，属于人工环境。

这些类型空间无关历史文化村镇的保护等级，只是在各自的表现形式、构成比例上体现出因历史、自然、文化、经济水平造成的个体差异。因此，可以从类型空间的角度入手分析历史文化村镇的空间特征，并进行相对应的分区域保护与规划设计。

① 聚落空间保护内容与规划设计策略

村庄是人类较早出现并延续至今的一种聚落空间，具有聚居性、防御性等基本特征。村落往往包含同一宗族或关系临近的村民，共同形成满足生产和生活需求的乡村社区，并且拥有共同的信仰，遵守一定的行为规范，反映出不同时期的生产关系和社会结构，因此也体现出不同程度的和谐性与向心性。

保护聚落空间的整体环境，主要遵循整体性和系统性的基本原则，聚落空间保护注重的是对乡村聚落整体形象和整体风貌的保护，要兼顾自然生态和人文生态。中心、街市、边界，以及里面蕴含的生活氛围，都是聚落的灵魂，共同组成了一个有生命的村镇。将文化内涵融入乡村整体环境，要远远超出对单个文物建筑的修缮或片段空间的保存，更注重保护聚落结构、轴线以及其它具体空间认知要素，包括乡村各个标志节点、景观点之间的视线通廊等。

② 生态空间保护内容与规划设计策略

与城市相比，乡村与自然环境的关系更为密切，对其的依赖性也更强。除了对农田、作物林地等区别于城市的生态环境的保护，生态空间保护更强调以下两个方面的内容。

首先在于保护特色自然要素。比如对于天津而言，地处滨海且河网密布，具有京杭大运河的生态资源，拥有多处较大规模的湿地，水域即其村镇生态空间的代表元素；其它包括特殊地形地貌、森林植被、湖泊水塘也是体现生态空间特色的要素。在对生态现状进行详细调查的基础之上，划定保护范围，逐步对被污染的、被破坏的环境通过治理、恢复、再生等不同手段进行保护，重塑完整的自然生态环境。

除此之外，山林耕地是村镇传统文化最初的载体，其蕴含的文化理念也是生态空间保护的重要内容。古代源于对自然的崇拜产生了相应的伦理观、价值观、审美等传统文化理念，这其中包含着人们对于自然景观、自然规律最原始的敬畏和尊重。在不同地域，由于人们对土地、山河、海洋衍生出的“土地神”“山神”“河神”“海神”等的崇拜，而出现了祭祀庙宇、风水林、风水山石、风水地形等具备特定功能的被人工干涉的自然环境，又进一步影响了乡村聚落的建造理念和整体形态。这种人与自然的交流与沟通都是传统文化与民俗在自然环境中的体现。

③ 居住空间保护内容与规划设计策略

文化是在人们的不同活动中产生的，空间只有融入了人的活动，才具有生命力和吸引力。居住空间是村镇中人类活动痕迹最多的空间，也是空间要素构成中建筑物占比最高的一类空间，因此，对居住空间的保护应该是基于居住建筑、院落等物质环境的对多元传统生活的保护。

传统居住建筑会受到当地自然地理、气候、不同时期宗法礼制的影响，从空间布局、形态结构等方面体现出地域文化的内涵。从建筑形式的形成与演进中找出背后的文化内涵，找到文化内涵与空间肌理的关系，这种相互的推导不仅有助于对现有建筑的保护，也有益于文化特色在新建筑空间中的延续，而使村镇的文化特色得以保持。

另一方面，居住空间的内核在于生活本身。居住空间在形态之外，更难保留下来的是传统生活，这里的传统是要保留那些体现地域文化的、宗法礼制的、历史风俗的并且符合当下生活的内容，是与改善村民居住条件、提升居住环境品质、增强家园归属感协调并行的。居住空间应在借鉴当地民俗传统、尊重历史俗制的基础上进行规划建设，运用当地材料、传统结构、民间建造技艺，在总体布局、形式尺度、形态样式的设计上尊重与保护本土特色风貌。

④ 生产空间保护内容与规划设计策略

乡村作为人类长久生产生活的环境，记载着社会文明变迁的历程。保护乡村生产空间一方面需要分析传统农业生产的历史与文化价值，传承其生产活动、技艺、制度并加以发展改良，另一方面需要协调现代农业生产空间与自然资源之间的平衡关系。

对于农业遗址的保护，可以在保持原真性的前提下，采取适当再现历史农业生产场景的方式，结合农业景观重现作物的生产与种植，建设农业科普园或农业遗产公园，记录和传承传统农业生产技术及生产制度，达到保护农业文化的目的。

农业工程类遗产服务于农业生产，兼有科学性、技术性、生态性与艺术性，并赋予其文化内涵，创造出很多不朽的风景区和园林。农业工程是与周边环境是一体的，包括自然环境与人文环境，不论是失去原有功能的农业工程还是仍在使用的工程遗产，都可以与自然生态、人文风貌相结合，成为乡村旅游的吸引点，实现产业、生态、文化的多赢发展。

农业系统遗产是一种经济社会生产方式，以聚落、景观为载体，借由人的生产活动来传递生态文化。因为生产方式会随着社会技术发展而变化，因而农业系统遗产较其它农业遗产更具可持续性。其保护的是农业耕作系统和耕作方式，本质上即传统的农耕文化，在当代背景下则是强调以农业为主的生态产业发展意识，可整合自然资源、人文资源、产业资源以发展生态旅游。

⑤ 公共空间保护内容与规划设计策略

乡村公共空间的保护不仅涉及自然环境、建筑风貌、景观设施等多种空间元素，还应保护乡村公共空间区别于城市公共空间的特性——地域性和包容性，在保护的基础上重构具有活力的乡村公共空间，实现生态文明、地域特色、历史文化的共同发展。

乡村公共空间的地域性源自乡村的社会关系，同时会随着社会关系的发展而变化。乡村的公共活动从庙会、祭祀、曲艺表演，到商讨公共议题、开展公共事务治理，公共空间从传统的祠堂、寺庙、村头、井旁到现代的广场、图书站、服务中心、村委会，实质上是由最初的社会交往、伦理道德、娱乐消遣与现代的公共服务、社会整合、情感寄托、文化教育等社会功能的复合。因此“地域特色”不应仅侧重于对传统乡村公共空间和自然景观的保护，而更应关注乡村社会公共生活本身的特征，充分考虑村民的自治和集体属性，在公共空间设计中满足其互动、参与、合作的活动需求。

乡村公共空间比城市公共空间具有更强的包容性，体现在对不同使用人群、不同文化类型、不同活动功能、不同空间形式的包容。在功能与形式相统一的前提下，乡村公共空间强调实用性，尊重差异化。它一方面继承了传统的民间文化，一方面弘扬和传播现代文明，多元文化共生并相互借鉴，促进了乡村文化的发展与创新。乡村公共空间的形态是多种多样、不拘一格的，广场、戏台、晒场、河边都可以是公共活动发生的场所。乡村公共空间往往是功能混合的，与日常的生产生活空间紧密结合，祠堂集合了宗族祭祀、道德教化、秩序构建等功能，庙会兼具宗教信仰、商品交换、休闲娱乐等功能，使用人群的多样化体现出空间的公共性和包容性。对于乡村公共空间的规划设计，不能采用城市专业化的功能布置方式，要强调功能复合，实现空间共享，提供多样化的社会服务，丰富乡村公共生活。

⑥ 商业空间保护内容与规划设计策略

集市是村镇传统的商业空间。集市即集与街市，其中集是在乡村地区定期或者不定期进行商品交易的场所。往往在人口相对较多、交通运输便捷的乡镇形成集市，承担地区贸易和集散功能，也有一些因民俗传统或宗教宗祠而设置的集市，其社会功能更加复合。保护商业空间，保护繁荣的集市文化，既可满足村民的商业与交流需求，也是对村民生活习惯的尊重。

传统集市兼有交易活动、集会交流功能，还有助于传播和继承历史传统文化，沿袭和传承当地社会风俗，聚集和发扬民间艺术技艺。因此，村镇商业空间的规划设计，在提升环境、交通、安全的基础上，要考虑到对乡村特有事物或活动场所感的营造，对村民而言，是记忆情感和地方归属感的延续，对游客来讲，则是重现原汁原味的集市氛围。

6.3.2 天津历史文化村镇特色景观空间保护及规划设计策略

村镇本就是人文环境与自然环境的结合，相较于城市，其自然景观特色所占比重更多。在乡村物质空间规划建设中要保护和延续地区文化特色，需要将历史文化村镇整体环境的保护，扩展到对景观风貌的保护，使之具有良好的生活及生产环境、完善的基础设施、优美的自然风光、浓郁的地域文化，提升与改善村镇的聚居环境，提高村镇的吸引力与凝聚力，从而推动村镇地区社会经济文化的可持续发展。对于历史文化村镇景观风貌的保护，其中既包括历史文化村镇长期生存依托的自然环境景观特色，也包括村镇发展过程中人们生产与生活的人工环境的景观特色。

（1）整体景观描绘山水格局

整体景观是由山脉、河流、平原等自然肌理以及建筑、村落等人工肌理共同构成的景观系统。整体景观规划通过整合生态廊道、绿地系统等自然要素以及地域文化景观要素，建构完整的山水生态格局。

整体景观空间的保护一方面需要控制现代景观元素的过多植入，另一方面也需要探索现代景观融入传统化的途径，通过整合乡村景观资源，构建景观网络系统，来"改变乡村边缘地区景观破碎化现象"。

（2）庭院景观突出乡村文化

庭院是村民日常生活中最亲近的景观层次，也是最具乡土文化的景观环境。庭院景观可以是堂前屋后的树荫，可以是种植日常食材的菜地，也可以是门前果树上的果实；是全家闲暇消遣的所在，也是待客交友的去处。庭院旦日常生活场景中的石磨，水井、马槽、农具等展现出庭院景观浓郁的乡土气息，是乡村旅游体验的重要组成部分（图6-1、图6-2）。庭院里的禽畜饲养、果树栽种、手工生产、商业服务，又催生了乡村特有的经济现象——庭院经济，集生态、经济、社会效益的小型集约产业模式，为庭院景观增添了更多的人文气息。对庭院景观的保护是对这一整体环境和氛围的保护，首先是基于乡村文化的生产和生活场景，其次才是相应的庭院格局、建筑风貌、绿化和设施。

图6-1　西井峪村内老石磨
（来源：自摄）

图6-2　西井峪村水井
（来源：自摄）

民居建筑是庭院景观中最具文化识别性的要素。一座建筑就是一种文化，建筑物随着时间的积淀，其文化底蕴也会越来越深厚。乡村建筑可以借鉴传统民居的功能布局、空间形态和构造方式，采用接近的建筑风格、结构和材料，体现出对乡土文化的传承。除重点保护文物古迹和特色村落及建筑外，需要确定对其它建筑应采取的保护、改建、拆除、新建等更新方式。对建筑物的修缮与改造要考虑村民的生活与生产需要，对建筑及环境的整治要尊重村民的审美与适应性。对于重新规划建设的乡村建筑，更多地利用地域的建筑文化元素，延续建筑风貌与乡土文化。

结合庭院自然景观、生产活动、生活场景发展庭院文化产业，进行农家乐建设，是对乡土文化传统的延续，也是地方经济建设的增长点，但是要抓住庭院景观的本质特色——乡村文化，在提升村庄整体环境、提高村民居住和生活水平的同时，整合与延续乡村文化资源，再创新时代背景下的乡村风情和乡村文明（图6-3、图6-4）。

图6-3　西井峪村庭院（1）（来源：自摄）

图6-4　西井峪村庭院（2）（来源：自摄）

（3）农业景观体现生产方式

农业景观是乡村的重要景观资源，是在长期的生产劳作中凝练出的乡村生活形态和文化载体，同时兼有生态和文化效益。对于农业景观，主要保护其自然生态和环境资源。农业景观包含传统农业景观、现代观光农业景观和都市农业景观三种类型。

传统农业景观是以农业生产为主要目的，具有一定土地规模的农业景观综合体，同时具有生产性、生态性、地域性、审美性和文化性等特性。不论是辽阔、规整、具有丰富作物色彩的农田景观，还是兼有田园、林带、生产设施的耕种景观，都是融合了技术与美学，运用建筑学与风景园林学相结合的综合规划设计，营造的具有物质功能与审美效果的农业景观。

现代观光农业具有生态、经济、社会和文化的功能属性，资源广泛、形式多样、活动具季节与地域的差异性，有机融合自然与人文资源以获得经济、社会、文化多元效益。

快速的城市化进程，导致传统农业被包围到城市中或与城市接近，从而产生了都市农业景观。人们从这类都市农业景观中既可以体验田园乐趣，还可以有偿获得农产品，享用新鲜、安全的果蔬。另一类城市近郊的村庄则结合都市农业景观建设休闲旅游度假农庄，积极发展乡村旅游，成功实现从农业向服务业的跳跃。

（4）旅游景观凸显地域特色

乡村旅游结合了自然风光、地方民俗、生态文化、参与体验等内涵特征，集观光、休闲、娱乐为一体，兼有生态价值、审美价值和经济价值。乡村旅游的吸引力和竞争力来源于自身的乡土特性和文化习俗，地域特色是决定乡村旅游品牌定位的主导因素。因此，旅游景观的保护更多是对地域特色的保护和发扬。以天津为例，从乡村环境和农业资源中寻找景观定位方向，整合出乡村游憩的文化主题，实现“一家一艺”“一村一品”。

乡村旅游首先将乡村景观和地域文化产业化、品牌化，提升地区经济发展，其次提高了村民的环保意识、推动了乡村景观的保护和利用。此外，乡村旅游构建了城乡文化交流的桥梁，游客在这里体验到了乡村风貌和自然山水，并将城市文化带给乡村；村民通过交流开阔了眼界，认识到乡村景观的价值和保护乡土景观特色的重要性。

6.3.3 天津历史文化村镇人文文化保护及规划设计策略

村镇是人类活动的空间，是人类创造的物质文明的表现，也是人类人文文化的载体。人文文化涵盖村镇社会中的各种文化现象，包括传统的哲学、价值观、艺术、道德规范以及现代的乡村文明和精神风貌等。

（1）聚落规划展现乡村历史

聚落是村镇居民最集中的文化产物，包含物质形态和精神文化两个层面。聚落文化是村民在长期生产劳作、生活延续和外来交流中形成的道德习俗和价值观念，描绘出乡村发展的历史画卷。

聚落的功能、形态和景观意象等物质空间的规划能够反映出当地的民俗文化、生活方式和社会组织。“向心围合”的传统院落，是安全防御的功能要求，也是“天圆地方”的宇宙观的体现。

聚落通过庙宇宗祠等源于宗族观念或宗教意识的文化空间来传递乡村历史文化，形成传统村落村民心理生活的“精神空间”。除了对历史的传承与保护外，聚落规划也将不断适应经济的增长、社会的发展和科技的进步，达到与乡村发展的有机结合。在建设过程中，应将聚落规划看作是一个新陈代谢的动态有机整体，在延续村庄传统肌理特征和可持续发展的基础上，合理地更新如房屋陈旧、街巷狭窄、基础设施等薄弱环节，以体现地域文化。

（2）场所空间关注人文关怀

场所是有意义的空间，场所营造空间氛围，建立环境与活动的联系，形成人对环境的认同感和归属感。人会对自己熟悉的环境和习俗产生依赖，并满足于这种地域韵味，由此产生“场所感”。人也会因与其它人在同一环境的共同行为而对空间形成场所的界定，日常邻里间的密切接触和公共活动很容易使双方产生一些共鸣。“场所感”对于一个地区形成自己的文化有很重要的意义，当特定的行为有了情感内涵，便产生了文化，可以说文化催生了场所，场所又孕育了新的文化。

对于场所空间，需要保护环境与活动的特定关系，其本质上是对空间使用者的人文关怀，尊重他们的生活习惯，延续其背后的生活习俗。

街巷、广场、绿地、水体、艺术空间是乡村中的典型场所空间。

街巷是中国传统的交往空间，人际交流、商品交易、休闲娱乐各种活动都可以在街巷里完成。小孩子在街道上嬉笑跑闹，邻里间倚门攀谈，小贩穿巷而过，这样乡间常见的生活场景，是在现代城市环境中难以实现的，而这正是乡村人文文化的体现。乡村街道的规划设计要充分考虑街巷的场所属性和功能，从街道空间形式、尺度、界面、节点等方面营造场所领域感和氛围感。

乡村广场最能体现地方文化风貌，是城镇形象的集中展示，反映出地区居民的个性、审美、价值观等。乡村广场有文化、集会、庆典、娱乐等较城市广场更为丰富的功能需求，场所内涵更为复合，在规划设计中应使用不同的形式、面积、景观设施来满足多重使用需求，但要抓住乡村文化的特征，如布置乡土器具，设置历史主题的雕塑壁画，结合牌坊、古树等环境要素，都会强化广场的历史延续

图6-5 西井峪村广场（来源：自摄）

和场所感（图6-5）。

绿地、水体可以和艺术空间结合，考虑环境的实用性和文化内涵，将民俗艺术、文化符号、乡村色彩融入标识、景观、设施的规划设计中，既改善了乡村居住环境，增加了居民交流交往的空间，也提高了村民的艺术审美，使其受到文化教育和陶冶情操。

（3）人文活动延续生活观念

人文是人类社会中的各种文化现象。乡村人文活动是村民在长期的生活中创造出的精神财富，可能是四时生活，可能是手工技艺，也可能是故事传说，涵盖历史传统、地域民俗、风情风物等多方面，是对乡土文脉的展示和延续。

传统的人文活动是对当时生活观念的体现。日常生活、农业活动、宗教祭祀都遵守并尊重节气的变化规律；富足的生活来自粮食耕种、瓜果种植、禽畜饲养、养蚕纺织等多样的乡间劳作；尊老爱幼、互帮互助、勤俭节约等优良传统是延续千年的价值观和道德规范；婚丧嫁娶中的你来我往因淳朴热情的民风造就和睦的邻里；服饰、农具、日用品都是一代传一代愈发技艺精湛的手工制品。这样的生活节奏和生活理念是乡村人文活动保护的重点内容，虽然或许已无法完全适应现代生活，却是乡村生活的精神体现和传统文化的沿袭，是具有地域特色的非物质文化。在当下环境中，人文活动可以通过展示与体验的方式使其继续在乡村焕发光彩。如图6-6，西井峪定期在广场举行中国农民丰收节，有精彩的文艺演出、传统工艺表演，还有摄影作品展和非遗作品展，以及热闹的庆丰宴。

图6-6 西井峪筹备庆丰宴

（4）小城镇风貌示范新型家园

随着社会文明的进步，在优先发展小城镇、建设美丽乡村的大政方针下，村镇风貌产生了巨大变化：通过“精明增长”提高土地集约化利用，优化土地功能结构；通过环境整治与更新提升城镇景观面貌，营建公共设施与公共空间。随着环境的提升、产业的转型、设施的配套，城市近郊的小城镇兼有城市与乡村景观，既有现代生活的便利，又有传统文化的韵味，在这里可以感受到热情好客、互助友爱的乡邻，也可以体验到丰富多彩的节庆集市和民俗活动，体现出现代、开放、发展的新城镇风貌，吸引外来人口，疏导主城人口，成为置业安居养老的新型示范家园。这些特色小镇基于现代产业、民俗文化、生态旅游、商业贸易、自主创新等多方面特色进行规划，形成“一镇一韵”“一镇一品”“一镇一特色”，并以推进产业集聚、高端高质、市场连接、历史传承等为发展重点，建设经济实力强、功能集成完善、示范效应明显，具有独特发展魅力的新型城镇。

6.4 历史文化村镇文化的传承与发展

6.4.1 文化传承与发展的关键节点

在历史文化村镇的建设与管理过程中有一些关键节点，是制约其历史文化传承与发展的关节问题，包括历史文化保护与旅游开发的关系、历史文化保护制度与法规、政府管理、公众参与、资金渠道等几个方面。这些问题受到地方的经济发展程度、相关部门的政策及管理水平、社会及民众对乡村文化的认识与理解等多方面因素的影响，需要对其进行系统的分析，并作为村镇历史文化传承发展的长期目标逐步完善。

6.4.2 文化传承与发展中存在的问题

（1）历史文化保护与旅游开发不平衡

旅游开发是村镇历史文化保护与传承的一种有效途径，通过对历史文化资源的合理利用获得经济和社会效益，然后反作用于保护和传承工作，两者之间相互依存并相互制约。由于村镇旅游开发操作门槛低、见效快、受众广，被广泛地应用在各类村镇发展中。但是由于村镇管理水平和民众认知等因素，村镇旅游还处在“自发生长”的初级模式，发展水平参差不齐，有些反而对村镇的历史文化造成负面影响甚至破坏，必须及时意识到历史文化保护与旅游开发当中存在的问题，并用正确的发展理念和科学的规划进行引导。

① 旅游开发过度

旅游开发往往以经济利益最大化为前提，更关注旅游价值而忽视对文化资源的保护和可持续利用。不同于推倒重建的建设性破坏，过度、超前的旅游开发会造成历史信息误导、景观城市化、文化杂交甚至消亡等不利于历史文化保护与传承的问题，过度开发带来的旅游人口、交通、生态等问题，更是对历史文化村镇造成较为严重的破坏。

② 商业化倾向严重

旅游开发往往伴随着商业化的发展模式，过度的商业化有违质朴恬淡的乡村风貌，多样化的建筑形式影响了长期以农业生产为主的乡村空间格局，工业化商业产品降低了乡村特色文化产品如手工艺、民间艺术、地方特产等产品的质量，造成旅游附属产品趋同，影响了历史文化村镇旅游的体验感，降低了村镇的历史文化内涵和价值。

③ 同质化现象严重

历史文化村镇旅游开发策略趋同，照搬商业价值高、经济效益好的文化开发模式，缺乏与保护工作相协调的开发意识，缺少对地方历史文化特质的梳理与分析，没有挖掘出地域文化内涵，导致旅游产品同质化，不仅没有达到历史文化保护与发展的目的，还对历史文化资源造成不同程度的破坏。

（2）制度层面不健全

关于历史文化村镇保护的法律法规、技术标准有待健全。法律法规需要随着当下的社会发展背景、组织机构调整、管理制度等进行补充或修改；保护及修缮技术需要时时革新以提高水平，增强指导性和可操作性，不断适应新的保护要求。

（3）政府管理组织不完善

村镇级别行政机关缺少专门的管理部门以及政策法规的支撑，具体工作中受到资金及土地政策的限制，导致保护力度薄弱，保护工作难以展开。需要修缮的建筑因缺少资金而无法实施，既影响了居民的生活质量，又造成保护与发展之间的矛盾。

（4）社会与公众的参与度不足

社会对历史文化村镇保护的关注度不足，保护意识薄弱，个别产权人没有意识到历史遗存的文化价值，甚至出现不顾法律法规擅自拆改历史建筑的现象。

（5）对村民的意愿重视度不足

由于村民对历史文化资源保护与发展的认识与理解不足，同时管理者和设计者在保护与规划过程中对村民立场的考虑及意愿听取不足，导致村民较少或难以有效地参与规划与环境改造。

（6）对社会资本的吸引力不足

历史文化村镇保护工作的成效依赖于强有力的资金支持，而现状资金来源单一，仅靠政府财政拨款，无法支撑高额的保护费用。同时，历史文化村镇吸收社会资本的活力不足，如何拓展资金来源已成为开展保护工作迫在眉睫的问题。

6.4.3 文化传承与发展策略

（1）历史文化保护指导旅游开发

从根本上来说，需要科学编制村镇的总体规划，对村镇发展形成合理有效的规划指导与管理。在保护历史文化资源的基础上，合理规划乡村土地利用，提高土地的利用效率；重组村镇构架，将村镇建设成为集生产加工、观光休闲、度假旅游、生态涵养、文化教育等多功能于一体的功能复合型乡村；保护农业景观中生物栖息地的多样性和自然景观的完整性与连续性，保留村落景观文化特征，培养形成“异质异构”的村镇特质。

（2）完善历史文化保护体系，健全历史文化村镇保护管理监督机制

结合新形势、新政策修订法规，进一步完善历史文化保护的标准体系，健全地方相关法律规章。科学完善的法规制度和监督管理是历史文化村镇有效保护和健康发展的基础，加强保护管理监督机制是历史文化村镇保护与发展双赢的重要手段。应该严格执行历史文化名镇名村保护利用的法律约束，完善历史文化村镇保护管理资金保障机制，建立地方政府的保护管理历史文化村镇的绩效考评监督机制。

（3）加强政府管理

政府应加强管理，明确管理机构，协调各部门关系。天津市历史文化村镇保护工作由地方政府领导规划部门、建设部门以及文物部门共同管理，需要统筹协

调各部门之间的关系以及在保护工作中的职责等问题，进一步明确管理机构，避免交叉管理。同时加强各级政府及相关部门的重视程度，提高保护意识，可以结合区县、乡镇政府成立保护管理专业部门，对区域内的村镇进行综合保护管理，也可以设置村镇级别的保护管理部门，负责本村镇的保护开发工作，如丽江古城的保护管理局等。

在保护管理的制度与政策上，着重解决保护与发展的矛盾，如土地政策、村民安置、基础设施建设等。不断挖掘在建筑、空间格局、非物质文化等方面具有保护价值的村镇，完善信息登记，并制定相应的传统村落认定标准。

（4）鼓励社会与公众的参与

持续加大宣传力度，通过多种媒介加强对历史文化村镇保护工作内涵和意义的宣传，提高普通民众对历史文化村镇的了解和关注度，增强保护意识，调动社会各界保护历史文化村镇的责任感和积极性，激发公众参与的热情。建立以政府为主导的多方监督机制，发挥新闻、网络媒体等社会舆论监督的功能，为公众提供评估历史文化村镇的有效途径，建立动态监督机制。鼓励规划及管理过程中的公众参与，主动访谈、征询公众意见。

（5）尊重村民意愿，提高自治水平

历史文化村镇的保护与开发建设需要依靠广大村民，让村民成为乡村建设的主体参与乡村建设的过程。村民更加熟悉和善于运用地域文化特色，鼓励村民参与与表达能够调动村民建设家乡的热情，提高规划的合理性与可行性。

要提高村民参与的积极性，可以从政治上“尊重”村民，保障其知情权、参与权、决策权、监督权，从利益上“帮助”村民，解决其需求及关心的问题，实现各阶层的愿望。在村庄建设的过程中，村民最清楚需要什么但却因知识贫乏而难以表达和实现；村委会是村民与设计师的联系人，是乡村文化营造的组织者；设计师提供不同路径下村庄设计的可能性蓝图，以供村民决策。因此村民、政府、设计者之间其实是一种合作伙伴的关系，而通过让村民“参与设计”、参与建设及管理过程，可以使其逐步建立正确的规划建设意识，逐渐培养其村庄自治的能力。

（6）吸引企业与资本参与

遵循“以政府补贴为辅，以市场运作为主”的原则，通过以下途径拓展资金渠道，保障历史文化村镇保护与开发的资金需求。

加强政府的调控，制定惠民政策，保障村民和企业利用的合理分配，带来可持续的收益，促进可持续性发展，探讨如何通过多元主体协同参与的模式推动历史文化村镇保护和振兴。

宣传历史古迹投资、经营、收藏的价值，通过政府投资、财政补贴、价格体系等手段，保障历史保护开发企业合理的投资回报，吸引更多的民间资本投入历史文化村镇的保护与开发。鼓励并推动建立专项保护基金，吸纳社会资本。进行市场策划研究，激活历史文化村镇的市场机制。

（7）积极探索利用空间信息技术对历史文化村镇进行动态监测，通过新媒体等宣传方式增强大众保护意识

借助数字三维扫描技术、遥感监测等空间信息技术，进一步完善历史文化村镇的详细信息，建立历史文化村镇管理平台，进行历史文化村镇保护状况的动态监测和模拟预警研究。并利用VR、AR等技术进行历史文化村镇的数字化建设，增强公众的体验感和自豪感。通过组织传统村落摄影大赛、大学生暑期工作营、学生实践调研、设计竞赛等活动，引导大众认识、了解历史文化村镇，享受田园生活，为历史文化村镇的保护发展贡献力量。通过微信、网络直播等新媒体方式进行宣传，加深公众对历史文化村镇价值的认识，提升对传统文化保护和传承的关注，增强其保护意识。

参考文献

[1] 刘敦桢．中国住宅概说[M]．北京：中国建筑工业出版社，1957.

[2] 潘谷西．中国建筑史[M]．北京：中国建筑工业出版社，2000.

[3] 单德启．生态及其与形态、情态的有机统一——试析传统民居集落居住环境的生态意向[C]．中国传统民居与文化——中国民居第二次学术会议论文集，1992.

[4] 沙润．中国传统民居建筑文化的自然地理背景[J]．地理科学，1998（01）：63-69.

[5] 陆元鼎，杨谷生．中国民居建筑[M]．广州：华南理工大学出版社，2003.

[6] 单德启．从传统民居到地区建筑[M]．北京：中国建筑工业出版社，2004.

[7] 李晓峰．乡土建筑：跨学科研究理论与方法[M]．北京：中国建筑工业出版社，2005.

[8] 孙大章．诗意栖居——中国民居艺术[M]．北京：中国建筑工业出版社，2015.

[9] 冯维波．山地传统民居保护与发展——基于景观信息链视角[M]．北京：科学出版社，2016.

[10] 朱佳维，陆邵明，杜力．空间句法视角下记忆场所的地域差异性研究——以云南怒江流域怒族传统民居为例[J]．现代城市研究，2016（08）：33-38，45.

[11] 杨贤房，陈永林，万智巍，等．两种句法模型视角下传统客家民居空间结构识别[J]．地域研究与开发，2019，38（02）：163-168.

[12] 刘沛林．中国历史文化村落的空间构成及其地域文化特点[J]．衡阳师专学报（社会科学），1996（02）：83-87.

[13] 刘沛林．论“中国历史文化名村”保护制度的建立[J]．北京大学学报（哲学社会科学版），1998（01）：80-87，158.

[14] 朱晓明．历史环境生机——古村落的理论世界[M]．北京：中国建筑工业出版社，2002.

[15] 胡海胜，王林．中国历史文化名镇名村空间结构分析[J]．地理与地理信息科学，2008（03）：109-112.

[16] 赵勇. 中国历史文化名镇名村保护理论与方法[M]. 北京：中国建筑工业出版社，2008.

[17] 吴必虎，肖金玉. 中国历史文化村镇空间结构与相关性研究[J]. 经济地理，2012，32（07）：6-11.

[18] 李亚娟，陈田，王婧，等. 中国历史文化名村的时空分布特征及成因[J]. 地理研究，2013，32（08）：1477-1485.

[19] 康璟瑶，章锦河，胡欢，等. 中国传统村落空间分布特征分析[J]. 地理科学进展，2016，35（07）：839-850.

[20] 佘亮，孟晓丽. 基于地理格网分级法提取的中国传统村落空间分布[J]. 地理科学进展，2016，35（11）：1388-1396.

[21] 谢崇实. 西南地区历史文化村镇保护规划编制研究[D]. 重庆大学，2011.

[22] 焦胜，郑志明，徐峰，等. 传统村落分布的“边缘化”特征——以湖南省为例[J]. 地理研究，2016，35（08）：1525-1534.

[23] 龚胜生，李孜沫，胡娟，等. 山西省古村落的空间分布与演化研究[J]. 地理科学，2017，37（03）：416-425.

[24] 陈君子，刘大均，周勇，等. 嘉陵江流域传统村落空间分布及成因分析[J]. 经济地理，2018，38（02）：148-153.

[25] 罗瑜斌，肖大威. 珠江三角洲历史文化村镇的类型及特征研究[J]. 华中建筑，2009（8）：204-208.

[26] 魏绪英，蔡军火，刘纯青. 江西省传统村落类型及其空间分布特征分析[J]. 现代城市研究，2017（08）：39-44.

[27] 汪德根，吕庆月，吴永发，等. 中国传统民居建筑风貌地域分异特征与形成机理[J]. 自然资源学报，2019，34（09）：1864-1885.

[28] 金其铭. 中国聚落地理[M]. 南京：江苏科技出版社，1990.

[29] 彭一刚. 传统村镇聚落景观分析[M]. 北京：中国建筑工业出版社，1992.

[30] 谢吾同. 聚落研究的几个要点[J]. 华中建筑，1997（02）：4-7.

[31] 刘沛林. 古村落——独特的人居文化空间[J]. 人文地理，1998（01）：38-41.

[32] 刘沛林. 论中国古代的村落规划思想[J]. 自然科学史研究，1998（01）：82-90.

[33] 李晓峰. 适应与共生——传统聚落之生态发展[J]. 华中建筑，1998（02）：119-121.

[34] 李和平，严爱琼. 论山地传统聚居环境的特色与保护——以重庆磁器口传统街区为例[J]. 城市规划，2000（08）：55-58.

[35] 业祖润. 传统聚落环境空间结构探析[J]. 建筑学报，2001（12）：21-24.
[36] 许先升. 生态 形态 心态——浅析爨底下村居住环境的潜在意识[J]. 北京林业大学学报，2001（04）：45-48.
[37] 李小波. 中国古代风水模式的文化地理视野[J]. 人文地理，2001（06）：64-68.
[38] 马寅虎. 试论徽州古村落规划思想的基本特征[J]. 规划师，2002（05）：16-19.
[39] 徐坚. 浅析中国山地村落的聚居空间[J]. 山地学报，2002（05）：526-530.
[40] 金涛，张小林，金飚. 中国传统农村聚落营造思想浅析[J]. 人文地理，2002（05）：45-48.
[41] 张杰，庞骏，董卫. 古村落空间演变的文献学解读——以南阁村保护性规划设计的调研为例[J]. 规划师，2004（01）：10-13.
[42] 陆林，凌善金，焦华富，等. 徽州古村落的演化过程及其机理[J]. 地理研究，2004（05）：686-694.
[43] 段进，季松，王海宁. 城镇空间解析——太湖流域古镇空间结构与形态[M]. 北京：中国建筑工业出版社，2002.
[44] 段进. 空间研究1：世界文化遗产西递古村落空间解析[M]. 南京：东南大学出版社，2006.
[45] 李立. 乡村聚落：形态、类型与演变一以江南地区为例[M]. 南京：东南大学出版社，2007.
[46] 刘晓星. 中国传统聚落形态的有机演进途径及其启示[J]. 城市规划学刊，2007（3）：55-60.
[47] 王晓薇，周俭. 传统村落形态演变浅析——以山西梁村为例[J]. 现代城市研究，2011，26（04）：30-36.
[48] 陶伟，陈红叶，林杰勇. 句法视角下广州传统村落空间形态及认知研究[J]. 地理学报，2013，68（02）：209-218.
[49] 陶金，张杰，刘业成. 新疆喀什地区古代聚落时空分布研究[J]. 城市规划，2016，40（07）：93-98.
[50] 冯旭，山崎寿一. 基于生活地名法的传统聚落空间结构研究——以云南西双版纳曼海聚落为例[J]. 国际城市规划，2017，32（02）：72-78.
[51] 顾媛媛，黄旭. 宗族化乡村社会结构的空间表征：潮汕地区传统聚落空间的解读[J]. 城市规划学刊，2017（03）：103-109.
[52] 李伯华，曾荣倩，刘沛林，等. 基于CAS理论的传统村落人居环境演化研究——以张谷英村为例[J]. 地理研究，2018，37（10）：1982-1996.

[53] 李久林，储金龙，叶家珏，等. 古徽州传统村落空间演化特征及驱动机制[J]. 经济地理，2018，38（12）：153-165.
[54] 蒋宇阳，申明锐，张京祥. 乡村社会结构演变及其空间响应——以汕头东仙村为例[J]. 现代城市研究，2019（09）：34-41.
[55] 贾子玉，周政旭. 基于三维量化与因子聚类方法的山地传统聚落形态分类：以黔东南苗族聚落为例[J]. 山地学报，2019，37（03）：424-437.
[56] 朱晓明. 试论古村落的评价标准[J]. 古建园林技术，2001（04）：53-55，28.
[57] 阮仪三，邵甬，林林. 江南水乡城镇的特色、价值及保护[J]. 城市规划汇刊，2002（01）：1-4，79-84.
[58] 阮仪三，袁菲，陶文静. 论江南水乡古镇历史价值和保护意义[J]. 中国名城，2012（06）：4-8.
[59] 梁雪春，达庆利，朱光亚. 我国城乡历史地段综合价值的模糊综合评判[J]. 东南大学学报（哲学社会科学版），2002（02）：44-46.
[60] 吴承照，肖建莉. 古村落可持续发展的文化生态策略——以高迁古村落为例[J]. 城市规划汇刊，2003（04）：56-60+96.
[61] 邵甬，付娟娟. 历史文化村镇价值评价的意义与方法[J]. 西安建筑科技大学学报（自然科学版），2012，44（05）：644-650，656.
[62] 杨开. 价值与实施导向下的历史文化名村保护与发展措施——以江西省峡江县湖洲村为例[J]. 城市发展研究，2017，24（05）：26-34.
[63] 汪瑞霞. 传统村落的文化生态及其价值重塑——以江南传统村落为中心[J]. 江苏社会科学，2019，4：213-223.
[64] 张浩龙，陈静，周春山. 中国传统村落研究评述与展望[J]. 城市规划，2017，41（04）：74-80.
[65] 刘沛林，董双双. 中国古村落景观的空间意象研究[J]. 地理研究，1998（01）：32-39.
[66] 陆林，凌善金，焦华富，等. 徽州古村落的景观特征及机理研究[J]. 地理科学，2004，24（6）：660-665.
[67] 伍家平. 论民族聚落地理特征形成的文化影响与文化聚落类型[J]. 地理研究，1992（03）：50-57.
[68] 刘沛林，刘春腊，邓运员，等. 中国传统聚落景观区划及景观基因识别要素研究[J]. 地理学报，2010，65（12）：1496-1506.

[69] 刘森林，李立. 中华聚落——村落市镇景观艺术[M]. 上海：同济大学出版社，2011.

[70] 王云才，韩丽莹. 基于景观孤岛化分析的传统地域文化景观保护模式——以江苏苏州市甪直镇为例[J]. 地理研究，2014，33（01）：143-156.

[71] 阴劼，杨雯，孔中华. 基于ArcGIS的传统村落最佳观景路线提取方法——以世界文化遗产：开平碉楼与村落为例[J]. 规划师，2015，31（01）：90-94.

[72] 胡最，郑文武，刘沛林，等. 湖南省传统聚落景观基因组图谱的空间形态与结构特征[J]. 地理学报，2018，73（02）：317-332.

[73] 胡慧，胡最，王帆，等. 传统聚落景观基因信息链的特征及其识别[J]. 经济地理，2019，39（08）：216-223.

[74] 池方爱，李高梅，管斌君. 浙江传统村落之聆赏艺术初探——以斯宅村为例探析其"传统村落声景观"及村落保护策略[J]. 城市规划，2019，43（02）：84-90.

[75] 曹永茂，李和平. 历史城镇保护中的历时性与共时性——"城市历史景观"的启示与思考[J]. 城市发展研究，2019，26（10）：13-20.

[76] 任凯，阳建强. 基于空间生产-生态辩证关系的乡村景观建构——基于晋西北传统村镇的观察[J]. 现代城市研究，2019（09）：26-33.

[77] 阮仪三，邵甬. 精益求精返璞归真——周庄古镇保护规划[J]. 城市规划，1999（07）：53-56.

[78] 阮仪三，肖建莉. 寻求遗产保护和旅游发展的"双赢"之路[J]. 城市规划，2003（06）：86-90.

[79] 阮仪三，袁菲. 再论江南水乡古镇的保护与合理发展[J]. 城市规划学刊，2011（05）：95-101.

[80] 阮仪三，吴承照. 历史城镇可持续发展机制和对策——以平遥古城为例[J]. 城市发展研究，2001（03）：15-17，57.

[81] 阮仪三，蔡晓丰，杨华文. 修复肌理 重塑风貌——南浔镇东大街"传统商业街区"风貌整治探析[J]. 城市规划学刊，2005（04）：53-55.

[82] 刘沛林. 湖南传统村镇感应空间规划研究[J]. 地理研究，1999，18（1）：66-71.

[83] 陶文静，阮仪三，袁菲. 以"人民性"为尺度保护及合理利用江南水乡[J]. 城市发展研究，2012，19（09）：12-17.

[84] 阮仪三，袁菲，肖建莉. 对当前"重建古城"风潮的解读与建言[J]. 城市规划学刊，2014（01）：14-17.

[85] 阮仪三，肖建莉. 留住乡愁，不要假古董[J]. 城市规划学刊，2017（06）：113-118.

[86] 包蓉，罗兰，方雅丽，等. 云南村镇景观民族化设计探析[J]. 西南林业大学学报（社会科学），2019，3（04）：6-10.

[87] 刘沛林，邓运员. 数字化保护：历史文化村镇保护的新途径[J]. 北京大学学报（哲学社会科学版），2017，54（06）：104-110.

[88] 李哲，孙肃，周成传奇，等. 中国传统村落数字博物馆的“正确打开方式”—通过三维计算挖掘和量化传统村落智慧[J]. 建筑学报，2019（02）：74-80.

[89] 许重岗. 建立古村落历史文化保护区的思考[J]. 浙江社会科学，2003（03）：150-153.

[90] 邵秀英，田彬. 古村落旅游开发的公共管理问题研究[J]. 人文地理，2010，25（03）：120-123.

[91] 江捷，邵源，宋家骅. 江南水乡古镇地区旅游交通组织模式研究[J]. 城市规划，2015，39（11）：107-112.

[92] 王勇，周雪，李广斌. 苏南不同类型传统村落乡村性评价及特征研究——基于苏州12个传统村落的调查[J]. 地理研究，2019，38（06）：1311-1321.

[93] 郑霞，金晓玲，胡希军. 论传统村落公共交往空间及传承[J]. 经济地理，2009，29（05）：823-826.

[94] 齐朦，刘峰，赵和生. 古村落公共空间形态整治设计初探——以南京市高淳区固城镇蒋山村为例[J]. 苏州科技学院学报（工程技术版），2015，28（02）：54-60.

[95] 张兵华，陈小辉，刘淑虎. 土地权属视角下传统村落公共空间营造与重构——以尤溪县桂峰村为例[J]. 新建筑，2018（06）：32-37.

[96] 薛颖，权东计，张园林，等. 农村社区重构过程中公共空间保护与文化传承研究——以关中地区为例[J]. 城市发展研究，2014，21（05）：117-124.

[97] 王静文，韦伟，毛义立. 桂北传统聚落公共空间之探讨——结合句法分析的公共空间解释[J]. 现代城市研究，2017（11）：10-17.

[98] 金丽纯，焦胜. 基于图论的传统村落公共空间结构及形成机制研究[J]. 规划师，2019，35（02）：52-57.

[99] 杨贵庆，戴庭曦，王祯，等. 社会变迁视角下历史文化村落再生的若干思考[J]. 城市规划学刊，2016（03）：45-54.

[100] 赵勇，刘泽华，张捷. 历史文化村镇保护预警及方法研究——以周庄历史文化名镇为例[J]. 建筑学报，2008（12）：24-28.

[101] 武艳文. 基于聚类分析的历史文化村镇动态监测系统数据库研究[J]. 西安建筑科技大学学报（自然科学版），2012，44（05）：756-760.

[102] 王军，夏健. 传统村落保护的动态监控体系建构研究[J]. 城市发展研究，2016，23（07）：58-63.

[103] 冷泠. 历史文化村镇外部空间保护预警方法研究[D]. 重庆大学，2011.

[104] 张淞茜. 重庆市历史文化村镇文化空间保护预警研究[D]. 重庆大学，2012.

[105] 赵在绪，周铁军，张亚. 山地传统村镇空间格局安全预警机制建设[J]. 规划师，2015，31（01）：37-41.

[106] 阮仪三，袁菲. 从守护到传承——江南水乡古镇保护实践30年[J]. 中国名城，2016（07）：4-7.

[107] 戴彦，戴乐乐，黄金静. 我国历史文化村镇保护的研究综述[J]. 城市规划学刊，2019（02）：68-74.

[108] 韩沛卓，马晨曦. 中国传统村落保护的西方经验及现实问题[J]. 建筑与文化，2019（07）：43-44.

[109] 薛军. 对文物建筑保护的国际文献思考[J]. 中外建筑，2002（4）：15-17.

[110] David Lowenthal. The Past Is a Foreign Country[M]. Cambridge: Cambridge University Press, 1985.

[111] Spiro Kostof. The City Shaped: Urban Patterns and Meanings Through History[M]. London: Thames and Hudson, 1999.

[112] Steven Tiesdell. Tensions between revitalization and conservation[J]. Cities, 1995, 12(4): 231-241.

[113] Radhika Savant Mohit, H Detlef Kammeier. The Fort: Opportunities for an effective urban convervation strategy in Bombay[J]. Cities, 1996, 13(6): 387-398.

[114] Sim Loo Lee. Urban conservation policy and the preservation of historical and cultural heritage: The case of Singapore[J]. Cities, 1996, 13(6): 399-409.

[115] Ian Strange. Local politics, new agendas and strategies for change in English historic cities[J]. Cities, 1996, 13(6): 431-437.

[116] 西村幸夫. 环境保全と景观创造[M]. 东京：鹿岛出版会. 1997.

[117] 西村幸夫. 再造魅力故乡：日本传统街区重生故事[M]. 王惠君，译. 北京：清华大学出版社. 2007.

[118] Robert Pickard. A Comparative Review of Policy for the Protection of the Architectural Heritage of Europe[J]. International Journal of Heritage Studies, 2002, 8, (4): 349-364.

[119] Hakim, Besim S,. Generative processes for revitalizing historic towns or heritage districts[J]. Urban Design International.2008, 13(3): 210-210.

[120] Nahoum Cohen. Urban Planning Conservation and Preservation[M]. Cambridge: The MIT Press, 1999.

[121] John Pendlebury. The Conservation of historic areas in the UK: A case study of "Grainger Town", New-castle up on Tyne[J]. Cities, 1999, 16(6): 423-425.

[122] 阿兰·马莱诺斯，张恺．法国重现城市文化遗产价值的实践．时代建筑，2000（03）：14-16.

[123] William J. Murtagh. Keeping Time: the History and Theory of Preservation in America[M]. Main Street Press, 1988.

[124] 谢吾同.聚落研究的几个要点[J]. 华中建筑，1997（02）：4-7.

[125] Graham Parlett, John Fletcher, Chris Cooper.The impact of tourism on the Old Town of Edinburgh[J]. Tourism Management, 1995, 16(5): 355-360.

[126] Kenedy I, Ondimu.Cultural tourism in Kenya[J]. Annals of Tourism Research, 2002, 29(4): 1036-1047.

[127] Ana Bedate, Luis César Herrero, José Ángel Sanz.Economic valuation of the cultural heritage: application to four case studies in Spain[J]. Journal of Cultural Heritage, 2004(5): 101-111.

[128] Alison J Beeho, Ricbard C Prentice.Conceptualizing the experiences of heritage tourists: A case study of New Lanark World Heritage Village[J]. Tourism Management, 1997, 18(2): 75-87.

[129] Luh Ketut Yulitrisna Dewi.Modeling the Relationships between Tourism Sustainable Factor in the Traditional Village of Pancasari[J]. Procedia-Social and Behavioral Sciences, 2014, 135: 57-63.

[130] Mega Sesotyaningtyas, Asnawi Manaf.Analysis of Sustainable Tourism Village Development at Kutoharjo Village, Kendal Regency of Central Java[J]. Procedia-Social and Behavioral Sciences, 2015, 184: 273-280.

[131] 周乾松，中国历史文化村镇文化遗产保护利用研究[M]. 北京：中国建筑工业出版社，2015：164-166.

[132] 杨俊，陈荻，张青萍. 中国城市古典园林遗产保护预警研究初探[J]. 城市发展研究，2015，22（04）：91-97.
[133] 吴良镛. 历史文化名城的规划结构、旧城更新与城市设计[J]. 城市规划，1983（06）：2-12，35.
[134] 王景慧，阮仪三，王林. 历史文化名城保护理论与规划[M]. 上海：同济大学出版社，1999.
[135] 肖竞，曹珂. 历史街区保护研究评述、技术方法与关键问题[J]. 城市规划学刊，2017（03）：110-118.
[136] 周建明. 中国传统村落保护与发展[M]. 北京：中国建筑工业出版社，2014.
[137] 冯骥才. 中国传统村落保护工作已经启动[EB/OL]. 新华网，2012-09-29[2020-03-19].http://news. xinhuanet. com/local/2012-09/28/c_113248211. htm.
[138] 李卓一，李建华. 文化空间类非遗的空间画像及与物质文化遗产的联动保护初探——以无锡惠山庙会为例[J]. 城市发展研究，2018，25（12）：162-167.
[139] 向云驹. 论“文化空间”[J]. 中央民族大学学报（哲学社会科学版），2008（03）：81-88.
[140] 顾军，苑利. 非物质文化遗产普查申报工作需要注意的几个问题[J]. 原生态民族文化学刊，2009，1（03）：83-86.
[141] 杨福泉. 论少数民族本土文化传人的培养——以纳西族的东巴为个案[J]. 云南民族大学学报（哲学社会科学版），2005（03）：66-71.
[142] 陈秋玲. 社会风险预警研究[M]. 北京：经济管理出版社. 2010.
[143] 刘玮娜，吴群，胡立兵. 城市土地市场地价预警研究[J]. 国土资源，2005（03）：35-37.
[144] 顾海兵. 宏观经济预警研究：理论·方法·历史[J]. 经济理论与经济管理，1997（04）：3-9.
[145] 顾海兵，陈璋，等. 中国工农业经济预警. [M]. 北京：中国计划出版社，1992.
[146] 文俊. 区域水资源可持续利用预警系统研究[M]. 北京：中国水利水电出版社，2006.
[147] 李继尊. 中国能源预警模型搞研究[M]. 北京：科学出版社，2008.
[148] 王林. 不确定性与企业预警研究[M]. 北京：中国社会科学出版社，2007.
[149] 刘晖，冯江，肖旻. 历史文化名城保护规划的若干技术路线探讨——以佛山历史文化名城保护规划为例[J]. 新建筑，2006（05）：7-9.

[150] 缪春燕. 历史城区建筑遗产公共安全事件预警研究[D]. 华中科技大学，2007.
[151] 闫会春，杨娜. 古建木结构健康监测系统预警机制探讨[J]. 武汉理工大学学报，2010，32（09）：266-270.
[152] 杨平立. 历史文化村镇保护策略探讨[D]. 天津大学，2016.
[153] 天津市西青区杨柳青镇地方志编修委员会编著. 杨柳青镇志[M]. 天津：天津社会科学院出版社，1999.
[154] 天津香塔音乐法鼓（国家级非物质文化遗产项目）介绍[EB/OL].，2017-03-06[2019-06-19].https://www.feiyiw.cn/index.php?app=article&act=view&article_id=1152.
[155] 天津市津南区地方志编修委员会. 津南区志[M]. 天津：天津社会科学院出版社，1999.